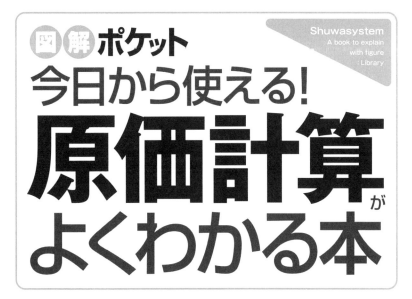

図解 ポケット

Shuwasystem
A book to explain
with figure
Library

今日から使える！
原価計算が
よくわかる本

HIRAKI Kei
平木 敬 著

秀和システム

はじめに

　皆さんは「原価」と聞いて、どのようなことを思い浮かべますか？

「中身がよく分からないブラックボックス化したもの」

「どうやって計算していいのかわからないもの」

「どのように管理すればいいのかわからないもの」

　私自身も感じたことがありますし、今でもそう感じます。原価というのは、それだけ複雑で難しいものだと思っています。

　一方で、原価の基本的な知識は、モノ作りの現場で働く方から営業員の方まで知っておくべきもので、原価がある程度わかっていないと、目標どおりに原価を下げることも利益を上げることも難しくなってしまいます。

　本書では、この原価の基本的な内容を、なるべく気軽に読めるように、以下の3点を意識して執筆しました。

　・なるべくやさしい表現を使っている

　・ストーリー性を持たせて読みやすくしている

　・仕訳を一切使っていない

　専門家の方が読むと、用語や計算例などがやや粗雑に感じる部分もあると思われますが、「初心者の方に、原価を理解してもらうこと」を最重要視しているため、ご容赦いただければと思います。

　本書を読み終えて、「ざっくりでも原価がわかった」「実務に生かしてみよう」とお役に立てたのであれば、著者として、これ以上の幸せはありません。

2020年1月　平木 敬

Introduction

　趣味で革製品のネット通販を始めた、本書の主人公「もりピー」さん。

　「今は、環境に配慮する時代。エシカル※を意識して、環境にやさしい革を使った革製品を作ろう！」ということで、環境にやさしい革で革製品を作り、ネットで販売することにしました。

　はじめは、小遣いを稼ぐ程度でいいかなと思っていましたが、思いのほか売れ行きが好調だったため、本格的に事業として革製品の製造、販売を行うことに決めました。

　「私はもりピー。そして、お店の名前は『Ｍｙ工房』。
　革製品作りの事業を始めたのはいいのですが……
　　　革だけが作った値段でよいのでしょうか？
　　　いくらで革製品を作ればよいのでしょうか？
　　　いくらで革製品を売ればよいのでしょうか？

　……など、いろいろな疑問がわいてきました。どうやら、趣味で作っていたときのように、ただ製品を作ってお客さんに売ればよいというわけでは無さそうです。

　というわけで、まずは、モノ作りをする自分にとって、とても重要な原価のキホンを勉強しようと思います！」

※エシカル…人と社会、地球環境、
　　　　　　地域に配慮すること。

Contents 目　次

A book to explain with figure

Chapter **3**

基本的な原価の計算方法を理解しよう
～費目別計算～

Chapter 7

大量生産した場合の原価の計算方法を理解しよう
～個別原価計算と総合原価計算～

Chapter 8

原価の目標値を決めて、原価をコントロールしよう
～標準原価計算～

利益の目標値を決めて、利益をコントロールしよう
〜直接原価計算〜

本文イラスト：aoinatsumi

Chapter 1

原価のキホンを
おさえよう
～原価計算の目的～

そもそも、「原価」とは何なのでしょうか？
まずは、「原価」という言葉と、原価を計算することによって、
どんなことに役立つのかを見ていきましょう。

モノ作り！
趣味と事業では何が違う？

● 趣味と事業では、製品を作った価格が違う？

「今までは、趣味で革のバッグをネットで販売していたのですが、これからは本業でいろいろな革製品を作って売ろうと思っています。今、材料の革は3,000円程度で買って作り、5,000円で売っているんですけど、すぐ売れてしまうんです！　周りを見ても15,000円くらいの価格なので、本業でも上手くいく予感しかしていません（笑）」

　趣味で革のバッグを作っているもりピーさん。今後は本業として行っていくようです。革製品を作るための材料の価格は大体わかっているので、そのまま売っていけばもうかると考えているようですが、この考え方で大丈夫なのでしょうか？

　もし、趣味程度に作るのであれば、「革と工具を買った値段より高く売ればもうかる」と考えてよさそうですが、もりピーさんは、事業として革製品を売ろうとしています。革や工具などの材料以外にも、いろいろと費用がかかってくるような気がしませんか？

「う～ん。もしかして、売れそうなバッグを調べるために買ったこのファッション誌とか？　あ、少しデザインまねたの、バレました（笑）？」

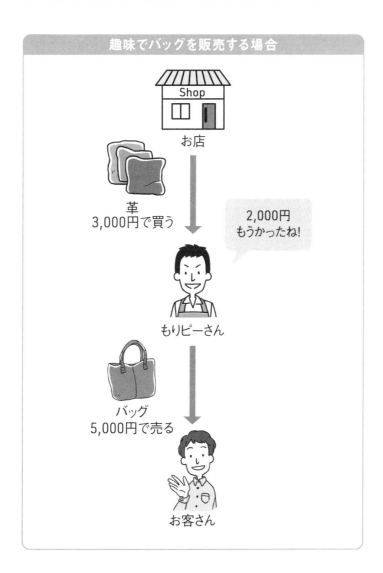

○ 趣味と違って、事業としてモノ作りを行う場合、材料以外にもいろいろな費用を考える必要がある。

趣味でバッグを販売する場合

Shop

お店

革
3,000円で買う

2,000円
もうかったね!

もりピーさん

バッグ
5,000円で売る

お客さん

デザインを真似したらダメですよ！　……と、ファッション誌も製品を作るために必要なものなら、製品を作るためにかかった費用になります。

　ほかにも、作業をする部屋を借りる必要があれば、家賃がかかってきますし、アルバイトを雇えば給料、電気を使ったら電気代と、実は、製品を作るのには、いろいろな費用がかかっていたりします。

　このように、趣味で作っていたときにはあまり気にしなかった費用も、事業として行う場合、どんな費用がかかってくるのかを考えておかないと、販売価格が安すぎたりして、実はもうかっていなかったということにもなりかねません。

　「そうなんですか!?　電気代まで考える必要があったとは知りませんでした。作った製品にかかってくる費用はどんなものがあるのか、ちゃんと理解しておく必要がありそうですね」

事業でバッグを販売する場合

お店

革
3,000円で買う

事務所の家賃

電気代　ファッション雑誌

革以外にもいろいろなことにお金を
使っているような気もするけど、
5,000円で売っていいのかな?

もりピーさん

バッグ
5,000円で売る

お客さん

「原価」って どういう意味なの?

A book to explain with figure

● 製造原価と販売費及び一般管理費

どのようなものが製品を作るための費用になるのかを調べる前に、「原価」という言葉を押さえておきましょう。

「原価」は、とても広い意味で使われていて、本来「○○原価」と呼ぶべきところを、「○○」の部分が省略されて「原価」と呼ばれていることがあります。そのため、まずこの「○○」の部分を整理しておきます。

まず、製品を作り、それを販売するまでにかかった費用のことを「総原価」と言います。そして、総原価は「製造原価」と「販売費及び一般管理費」の2つに分類されます。

製造原価は、製品を作るためにかかった費用のことで、販売費及び一般管理費は、製品を作り終わってから販売するまでにかかった費用のことです。

製造原価は"製造"を省略して「原価」と呼ばれるケースがあります。また、販売費及び一般管理費(以降「販管費」と省略します)は、営業費と呼ばれることもあります。販管費には、販促の費用や営業員の給料などが含まれますが、こちらはあまり「原価」と呼ばれることはありません。

○ 総原価は、製造原価と販管費を合わせた原価。

○ 製造原価は、売上原価と棚卸資産になる。

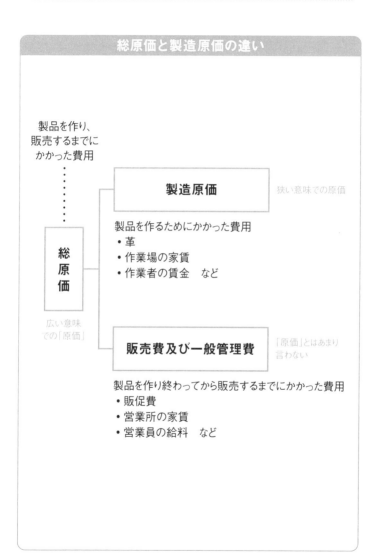

総原価と製造原価の違い

製品を作り、
販売するまでに
かかった費用

製造原価　　　狭い意味での原価

製品を作るためにかかった費用
・革
・作業場の家賃
・作業者の賃金　など

**総
原
価**

広い意味
での「原価」

販売費及び一般管理費　　「原価」とはあまり
言わない

製品を作り終わってから販売するまでにかかった費用
・販促費
・営業所の家賃
・営業員の給料　など

● 売上に対応する原価は、売上原価

製造原価は、製品を作るためにかかった費用ですが、作り終わって販売したものの、売れ残ることもありますよね。

例えば、バッグを5個作って製造原価が25,000円だったとすると、1個5,000円で作ったことになります。ところが、このうち売れたバッグは3個だったとします。この場合、この売れた3個分5,000円×3個＝15,000円が、なんとなく原価になりそうな気がしますが、どういう原価になるのでしょうか?

「製造原価は25,000円なので、"製造原価"ではなさそうですね」

この場合の「原価」は売上原価と呼ばれる原価で、製品を作るためにかかった費用のうち、売れた分だけに対応した原価という意味になります。そして、売上原価も、省略して「原価」と呼ばれることがあります。そのため、製造原価なのか、売上原価なのか、状況に応じて判断していきましょう。

なお、製造原価25,000円のうち、売れ残った10,000円分の製品は在庫と呼ばれ、会計のルール上は棚卸資産と呼ばれます。

ここでは、製造原価は、月末までに売れていれば「売上原価」になり、売れ残っていれば「棚卸資産」になると覚えておきましょう（会計のルール上は「棚卸資産」と呼ばれますが、本書では以降、イメージしやすい「在庫」という用語を使っていきます）。

これも**「原価」**と呼ばれる

(例) 3個販売　5,000円×3個＝15,000円
||

売上原価

製品を作るためにかかった
費用のうち「売れた分」

製造原価

||

「原価」と呼ばれる

(例) 1個5,000円で5個
作ると25,000円

棚卸資産

製品を作るためにかかった
費用のうち「余った分」

||

「在庫」と呼ばれる

(例) 2個余る　5,000円×2個＝10,000円

「費用」という言葉は、原価とは違うの？

● 原価と費用の関係は？

「費用やコストという言葉も聞きますが、これも原価と同じ意味で使われているんですか？」

「費用」や「コスト」もよく聞く言葉で、お金が出ていくものなので、原価と同じような意味に聞こえます。原価だけでもいろいろな意味があったのに、さらにややこしく感じそうですね。これらの言葉は、実務でもかなり曖昧に使われている部分ですが、ここでは費用を整理しておきましょう。

一般的に費用は、広い意味では「会社で支払っているいろいろなもの」とイメージしておいて大丈夫です。ただ厳密に言うと、広い意味での費用は、費用と損失に分かれています。例えば、火災や地震で復旧にかかった支出などは、日常的に発生するものではなく、想定外に発生するものです。このような想定外に発生したものが損失で、それ以外のものが費用になります。

次に、費用の中でも、売上を獲得する目的以外のために支払ったものがあります。例えば、借金の利息などが該当しますが、それらは営業外費用と呼ばれます。そして、残りの売上を獲得するために支払ったものが、総原価となります。先ほど見た、製造原価や販管費などが総原価でしたよね。

○ 広い意味での費用は、費用と損失に分かれる。

○ 費用は、営業外費用と総原価に分かれる。

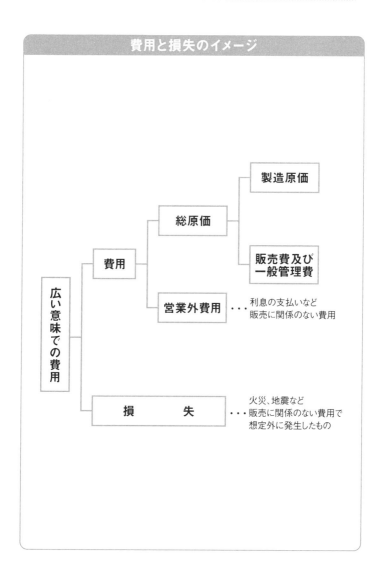

費用と損失のイメージ

広い意味での費用 ── 費用 ── 総原価 ── 製造原価

販売費及び一般管理費

営業外費用 ・・・ 利息の支払いなど販売に関係のない費用

損失 ・・・ 火災、地震など販売に関係のない費用で想定外に発生したもの

「コスト」という言葉は、
原価とは違うの？

A book to explain with figure

● 「コスト」は曖昧に使われている

ここでは、コストという言葉を見てみましょう。「コスト削減」という言葉などは、会社で耳にするかもしれません。

コストは、英語表記すると「Cost」ですが、製造原価は「Cost of goods manufactured」、売上原価は「Cost of goods sold」というように、「○○原価」の「○○」の部分が英語でも省略されていると考えれば、わかりやすいと思います。

ただ、日本でのコストの範囲は、かなり曖昧に使われていて厳密な使い分けをしていません。例えば、原価や販管費以外に、損失までもコストと呼んでいる会社もあれば、製造原価だけをコストと呼んでいる会社もあります。また先ほどの「コスト削減」も、販管費だけを指しているケースもあります。そのため、コストは費用と同じように「幅広い意味で使われているんだな」程度に押さえておけばよいでしょう。

○ 日木での「コスト」が指す範囲はかなり曖昧で、厳密な使い
分けをしていないことが多い。

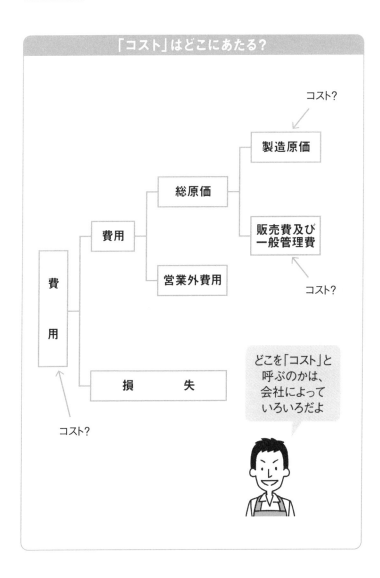

原価がわかると、
どんなことに役立つの？①

A book to explain with figure

●原価計算は販売価格を決めるために必要

　それでは、なぜ原価を計算するのでしょうか？　もりピーさん、もし、お客さんから「ほかのお店ではバッグが10,000円で売っていたから、まけてくれる？」と言われたら、どう対応しますか？

　「そうですねぇ。新しいお客さんなら、今後もうちで買ってもらうことを期待して、9,000円くらいまでなら値引きをすると思います」

　もりピーさんは、値引きをして他社よりも安く売ろうとしていますが、自分の会社がそのバッグをいくらで作っているのかを知らないと、いくらまで値引きをしていいのかわかりません。

　もし、バッグを1個作るのに、革などの材料代以外に、作業をする部屋の家賃や電気代などの費用が合わせて10,000円かかっていることがわかっていたとします。そうすると、お客さんに「9,000円で売って」と要求されても「もうけが出なくなるから無理だな」と判断できますし、赤字覚悟で新規のお客さんを取るという判断もできます。しかし、その判断も「いくらで作っているのか？」がわからなければ判断することができません。そのため、販売価格を決めるために、原価を計算する必要があります。

- **原価がわからないと販売価格が決められない。つまり、販売価格を決めるために、原価を計算する必要がある。**

原価がわかれば販売価格を決められる

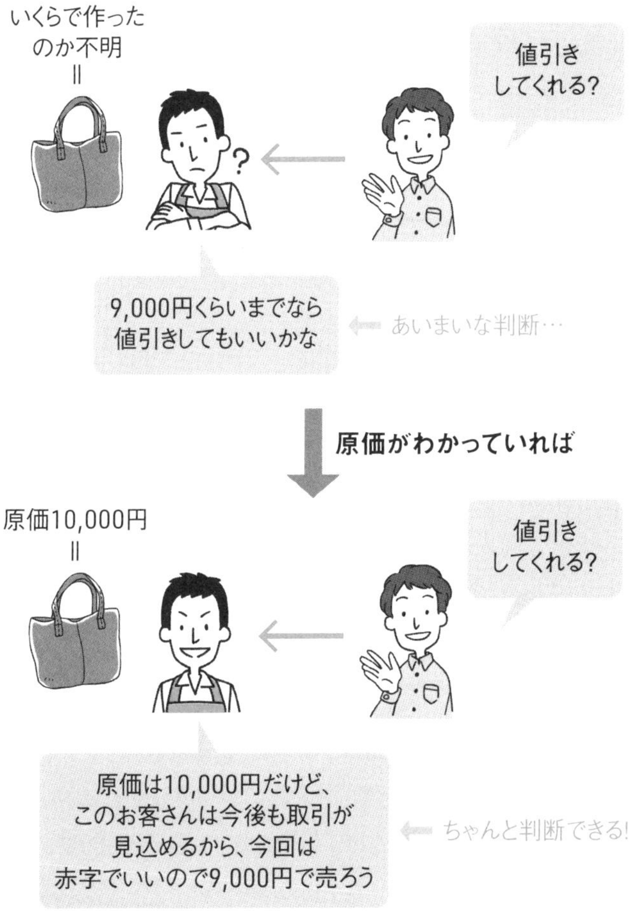

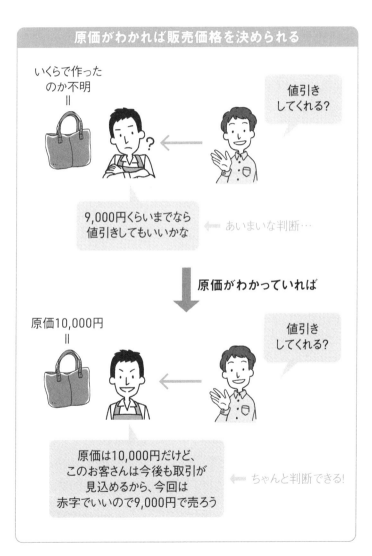

原価がわかると、どんなことに役立つの？②

A book to explain with figure

●原価計算は原価を管理するために必要

　原価を計算する目的として、今度はモノ作りをしている現場に目を向けてみましょう。例えば、バッグを1個10,000円で作っている場合、会社から10,000円のお金が出ていきます。ただ、会社としては、支出を1円でも少なくしたいですよね。そこで「今期は9,500円まで原価を減らそう」と目標を立てて、原価を減らす努力をします。

　ここで考えてみてください。今、あまり深く考えずに「9,500円まで原価を減らそう」としましたが、原価がわかっていなければどうなるでしょうか？

「わかっていなくても、とりあえず500円は減らそう！　じゃダメですか？」

　それは、原価が10,000円とわかっているので、500円減らそうという判断ができたのです。もし原価がすでに9,000円だったとして、極限まで費用を抑えていることがわかっていたら、500円減らすという目標は現実離れしていることになります。

　このように、原価を下げようとする場合、原価がわかっていないと現実離れした目標となってしまい、実行する前からあきらめてしまうかもしれません。そのため、目標を立てて原価を管理するために、原価を計算する必要があります。

○ 原価がわからないと目標を立てることができない。つまり、
原価を管理するために、原価を計算する必要がある。

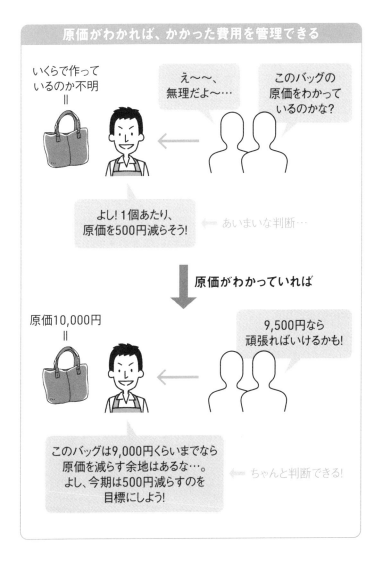

原価がわかると、
どんなことに役立つの？③

A book to explain with figure

● 原価計算は財務諸表を作るために必要

　最後に、経理部の現場も見ておきましょう。もし、原価を計算しなかったら、経理部では財務諸表が作れなくなってしまいます。

　財務諸表については、Chapter6で詳しく見ていきますが、ざっくり言うと「会社がどれくらいもうけたのか？（損したのか？）」「会社にどれだけの財産があるのか？」といった情報を記載した報告書のことです。

　例えば、「バッグを9,000円で売ったけど、利益はいくらだったんだろう？」「バッグを100個作って90個売れたけど、10個分の在庫金額はいくらなんだろう？」といった情報を財務諸表に載せる必要がありますが、どうやって計算されていると思いますか？

　「利益も在庫も、バッグを作った金額がわからないと、計算できなさそうですね……」

　そうですね。利益も在庫も、バッグを作った金額がわからないと計算できない、つまり、原価を計算しないと財務諸表は作れないのです。そのため、財務諸表を作成するために、原価を計算する必要があります。

○ 原価がわからないと財務諸表を作成できない。つまり、財務
諸表を作成するために、原価を計算する必要がある。

原価がわかれば、財務諸表が作れる

いくらで作った
のか不明
＝

売上	9,000円
売上原価	??円

作った価格がわからないから、
売上原価が計算できないよ〜

原価がわかっていれば

原価10,000円
＝

売上	9,000円
売上原価	10,000円

売上原価は10,000円。
新しいお客さんを取るために、
赤字覚悟で売ったんだったね…

Chapter 2

原価の種類を
おさえよう

〜原価の3要素〜

原価を計算する目的がわかったところで、
原価の中身を見ていきましょう。
原価には、材料のほかにもいろいろあるようですが、
一体どのような種類のものがあるのでしょうか？
また、どのようなものが原価にならないのでしょうか？

原価を3つに分けてみよう

● 「何を使ったか」で3つに分ける！

「なぜ原価を計算するのかがわかったところで、そろそろ材料代以外にも、どんな費用がかかってくるのか教えてもらえますか？」

Chapter1では、材料代以外に、作業をする部屋を借りたときの家賃や電気代などの費用も製造原価に入ってくるとのことでしたが、具体的にはどのような費用が入ってくるのでしょうか？ ここでは、製品を作るためにかかってくる費用を、詳しく見ていきましょう。

なお、これ以降「原価」という用語は、「製造原価」を指すものと考えてください。

原価を計算するにあたって、まずは原価を分類することから始めます。なぜかというと、例えば、バッグだけであればかかった費用を足していけばよいのですが、バッグとストラップを作ろうとした場合、革はそれぞれ使った枚数、電気代は使った時間で振り分けるなど、内容によって集計する方法が違うからです。

原価は、「製品を作るために、どんな費用を使ったのか？（形態別分類）」という面から、材料費、労務費、経費の3種類に分けられていて、これらは、原価の3要素と呼ばれています。

○原価は形態別に、材料費、労務費、経費に分類され、これ
　らは原価の3要素と呼ばれている。

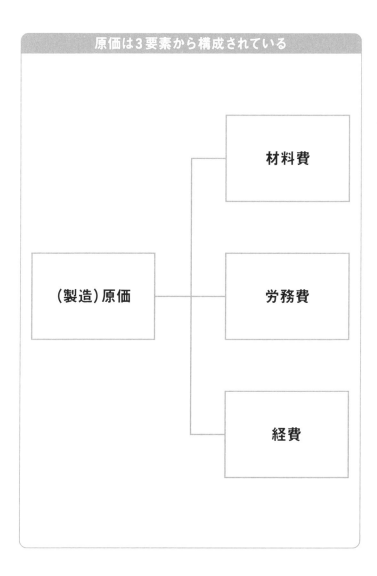

原価は3要素から構成されている

（製造）原価

材料費

労務費

経費

◎モノ自体を使ったら「材料費」

材料費は、「モノ自体を使うことによって発生する原価」です。革のバッグであれば、もちろん使った革が材料費となります。これはイメージしやすいですね。

◎人がモノ作りの作業をしたら「労務費」

労務費は、「人がモノ作りの作業をすることによって発生する原価」です。労務費という言葉はあまり聞き慣れないかもしれませんが、ざっくり言うと、バッグを作る人の賃金（給料）が原価になるといったイメージです。

◎モノと人の労働力以外は「経費」

経費は、「モノと人の労働力以外を使うことによって発生する原価」です。材料費、労務費以外でモノ作りをするためにかかった費用は経費と覚えておけばよいでしょう。

Chapter1の例で言うと、作業する部屋の家賃や電気代が経費にあたりますが、ほかにも、水道代やガス代、修繕の費用、機械などの保守料、運送料、減価償却費、税金と、多種多様な経費が存在します。

「うちも、バッグ以外に、ストラップ、革靴を作ろうと思っているので、分類しないといけなさそうですね」

原価の3要素（材料費、労務費、経費）

● **材料費**…モノ自体を使うことによって発生する原価

革　　　　　　　　糸、針　　　　　　　ボンド

● **労務費**…人がモノ作りの作業をすることによって発生する原価

給料（賃金）　　　　　　福利厚生費

● **経費**…モノと人の労働力以外を使うことによって発生する原価

水道代・電気代・ガス代　　運送料　　　　保守料

材料費を見てみよう

A book to explain with figure

● 消耗品や工具なども材料費になる

「革製品を作るのに革は当然必要ですけど、針、糸やボンド、カッターなどの消耗品や工具も材料になるんでしょうか?」

革製品で、革が材料になるのはイメージしやすいと思います。しかし、革製品を作るためには、針、糸、ボンドといった消耗品やカッター、木槌などの工具も必要となりますが、このようなものも材料費に含まれるのでしょうか?

材料費は、モノ自体を使うことによって発生する原価でしたが、この「モノ自体」の部分に具体的な言葉をあてはめてみましょう。

「革」を使う、「消耗品」を使う、「工具」を使う——

このように、材料である革以外にも消耗品や工具、ほかの業種で言うと、燃料や塗装、部品など、モノ自体を使うことで発生した費用も材料費に含めることになっています。そして、右の表のように、主要な材料とそうでない材料があり、原価の計算方法も違っています(計算方法は後述します)。

「なるほど! 一般的に世間でイメージする材料よりも、範囲が広いんですね!」

○ **材料費には、製品を作るための消耗品や工具なども含まれ
るため、一般的にイメージする材料よりも範囲が広い。**

材料費の中身は？

●**材料費**…モノ自体を使うことによって発生する原価

主要な部分 作る製品にとって	主要な材料費 （原料費）	素材となるモノの原価 （例）革
	買入部品費	製品に取り付ける部分の原価 （例）バッグの取っ手
主要ではない部分 作る製品にとって	補助材料費	製品の一部を構成する補助的に消 費する物品の原価 （例）糸、ボンド
	工場消耗品費	製品の一部にはならず間接的に使 用される消耗品の原価 （例）石けん
	消耗工具器具 備品費	金額が小さいか使える期間が1年 未満の工具器具備品の原価 （例）針、カッター、木槌

労務費を見てみよう

●賞与、法定福利費なども労務費になる

「先ほど労務費というのがありましたが、趣味でバッグを作っていたときはまったく考えていませんでした」

労務費は、人がモノ作りの作業をすることによって発生する原価でした。もりピーさんが革製品を作ることによって発生する給料は労務費であり原価となりますが、これは「賃金」と呼ばれています。一方で、工場長や工場の事務員など直接モノ作りの作業をしていない人たちの給料は「給料」、パートやアルバイトの人たちの給料は「雑給」と呼ばれています。モノ作りの現場では、実際にモノ作りをしていなくても、モノ作りに関わった人の給料は労務費になります。いろいろな作業をしている人たちがいるため、同じ給料でも名称を使い分けているんですね。

「たくさん売れるようになったら、将来は給料以外にボーナスも出したいのですが、ボーナスも労務費になるんですか。あと、社会保険（健康保険と厚生年金）や労働保険（労災保険と雇用保険）も労務費になるんですか？」

そうですね。賃金や給料以外に、モノ作りの作業をすることによって発生する費用としては、ボーナスや社会保険、雇用保険などの法定福利費、退職金の積み立てなど、意外とたくさんあったりしますが、これらはすべて労務費となります。ただ、労務費となるのは、あくまでもモノ作りの作業をしている・関わっている人の分だけなので注意しましょう。

○労務費は、製品を作る人の給料以外にも、賞与や退職給付費用、法定福利費などいろいろな物が含まれている。

労務費の中身は？

●**労務費**…人がモノ作りの作業をすることによって発生する原価

賃金	モノを作っている人たちの給料のこと
給料	工場長や工場の事務員など、直接モノ作りも作業もしていない人たちの給料のこと
雑給	パート、アルバイトの人たちの給料のこと 直接モノを作っている人もいれば、いない人もいる
従業員賞与手当	ボーナスのこと
退職給付費用	退職金の積み立て
法定福利費	社会保険料や労働保険の会社負担分 ・社会保険　健康保険と厚生年金。会社と本人で半分ずつ負担 ・労働保険　労災保険と雇用保険。労災保険は会社負担

モノ作りの現場では、いろいろな
作業をしている人がいるから、
同じ給料でも呼び方が違うんだね

経費を見てみよう

A book to explain with figure

● いろいろなものが経費になる

「作業する部屋の家賃や電気代などは経費になりましたが、経費になるものって、ほかにどのようなものがあるのでしょうか?」

経費という言葉は、会社でもよく聞く言葉ですが、原価を計算するにあたっての経費は、モノと人の労働力以外を使うことによって発生する原価とされています。

簡単に言うと、モノ作りで発生した費用のうち、材料費と労務費に当たらないものはすべて経費になります。

そのため、材料費や労務費に比べると数も多く、内容もさまざまです。右に代表的な経費を挙げてみましたが、本当にさまざまなものがあることがわかりますね。

「これだけでも結構多いのに、まだまだあるんですか!? 材料費しか考えないで安く売っていたから、もしかしたら相当損をしていたのでは…? ちゃんと計算するのが怖くなってきましたよ……」

○ 経費は、材料費と労務費以外のもので、材料費や労務費に
比べるといろいろな内容のものが含まれている。

経費の中身は？

● 経費…モノと労働力以外を使うことによって発生する原価

外注加工費	製造や加工の一部を他社に依頼したときに生じる費用
特許権使用料	他社の特許権を使うときに払う費用
棚卸減耗費	使った材料について、記録した数より実際の数が減っていた場合に、その分の金額を減らすこと
水道光熱費	電気代、水道代、ガス代
賃借料	家賃
修繕費	修理、メンテナンスの費用
通信費	電話代、インターネット代
交通費	出張費や宿泊費

※上記以外にも、まだまだたくさんあります。

外注業者に頼んだ費用は どうなるの？

A book to explain with figure

●外注加工費とは、どんなもの？

　「取っ手を作って取り付ける作業が大変なので、外注しようと思っています。バッグ1個あたり500円で作業してくれるという業者さんを見つけたので、任せたいと思っています！」

　自分で作業するよりも、専門業者に外注したほうが、効率的だったり、品質が高いことがあります。このように、外注業者に頼んだときに発生する費用を外注加工費と呼びますが、材料を業者に渡す場合、「タダで渡すか」「買い取ってもらうか」の2通りの方法があります。前者を無償支給、後者を有償支給と言います。

●無償支給する場合

　もりピーさんが、外注業者にタダで革や作成中のバッグを渡す場合、外注業者は、それらを預かって作業することになります。このとき、もりピーさんとしては、バッグを預けただけなので、革や作成中のバッグは、もりピーさんの在庫のままとなります。

　外注業者は作業が終わったら、もりピーさんの元に革やバッグを戻します。このとき、加工賃としてバッグ1個あたり500円発生するので、もりピーさん側では、「500円×依頼した個数分」を経費として原価に入れることになります。

○ **無償支給は、経費で処理をすることになる。**

○ **有償支給は、材料費で処埋をすることになる。**

無償支給の流れ

あくまで、もりピーさんの在庫のまま

タダで渡す

1個あたり500円の
加工費を請求
＝

経費

外注業者

●有償支給する場合

　ただ、無償支給の場合、作業に対する不注意の可能性は高まります（タダで作業を行うのと、お金を払って作業を行うのとでは、後者のほうが注意を払って行いますよね）。

　そのため、作業をより慎重に行ってくれることを期待して、外注業者に買い取ってもらう方法が有償支給となります。

　有償支給では、もりピーさんは外注業者に、革や作成中のバッグを売ることになります。ここでは、1個あたり2,500円で売ることにしましょう。このとき、もりピーさんとしては、外注業者に売っているので、革や作成中のバッグは、もりピーさんの在庫からは無くなります。

　外注業者は作業が終わったら、もりピーさんに革やバッグを売ることになります。このとき、1個あたり500円の加工賃を上乗せした3,000円で売るので、もりピーさん側では、「3,000円×依頼した個数分」を再び材料費として原価に入れることになります。当然ながら、この時点では、再びもりピーさんの在庫となります。

　材料を無償で渡すか、有償で渡すかは、会社の事情に応じて決めることになると思いますが、原価に入れる金額は、経費か材料費の違いがあるにしても、基本的には同じ500円分となります。

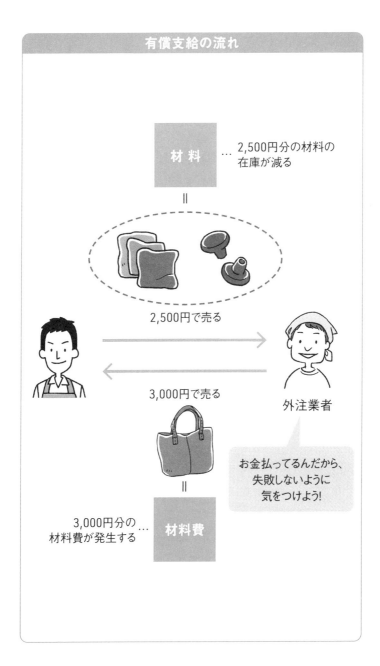

有償支給の流れ

材料 … 2,500円分の材料の在庫が減る

＝

2,500円で売る

3,000円で売る

外注業者

お金払ってるんだから、失敗しないように気をつけよう!

3,000円分の材料費が発生する … 材料費

43

高額な機械を買ったときの費用はどうなるの？

A book to explain with figure

● 固定資産は、少しずつ費用に入れていくイメージ

「少し高額ですが、革の切削機をいつか買いたいと思っています。60万円しますが、買ったとしたら全額経費にすればいいんですよね？」

機械や作業ロボットなど高額な設備は、長く使うものがほとんどで、固定資産と呼ばれています。

もりピーさんが言うように、1年目に60万円を一気に経費とすると、2年目以降も同じ切削機を使っているのに、2年目以降経費は計上されないことになってしまいます。1年目だけ経費が多くて2年目以降ゼロでは、原価がおかしくなってしまうため、毎年、固定資産の価値が落ちた分だけ、原価に入れることが決められています。

ただ、毎年どのくらい価値が落ちているのかは客観的にわからないため、毎年同じくらい価値が減っていると仮定します。例えば、この切削機が10年間使えるのであれば、毎年・毎月の価値の減少は、「600,000円÷10年＝60,000円／1年」、「60,000円÷12か月＝5,000円／1か月」と計算されます。

このように、60万円は先に支払っていますが、原価には、毎月5,000円を規則的に10年かけて入れていくことになります。そして、この5,000円のことを減価償却費と呼び、経費に分類されています。

◦ 固定資産の価値減少分を費用とすることを減価償却費と呼ぶ。

◦ 減価償却費は、経費として処理をすることになる。

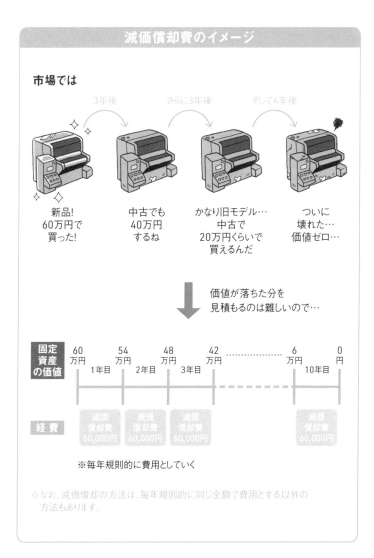

減価償却費のイメージ

市場では

3年後　　さらに3年後　　そして4年後

新品!
60万円で
買った!

中古でも
40万円
するね

かなり旧モデル…
中古で
20万円くらいで
買えるんだ

ついに
壊れた…
価値ゼロ…

価値が落ちた分を
見積もるのは難しいので…

固定資産の価値	60万円	54万円	48万円	42万円	……………	6万円	0円
	1年目	2年目	3年目			10年目	

| 経費 | 減価償却費 60,000円 | 減価償却費 60,000円 | 減価償却費 60,000円 | | 減価償却費 60,000円 | |

※毎年規則的に費用としていく

※なお、減価償却の方法は、毎年規則的に同じ金額で費用とする以外の
　方法もあります。

販促のために使った費用はどうなるの？

A book to explain with figure

使った内容は同じでも、原価か販管費に分かれる

「バッグが完成したら、インターネットを使って知名度を広めたいと思っています。毎月ネット代やホームページ掲載料がかかってきますが、これも経費ですよね？」

製品が完成したら販売ということで、インターネット代金やホームページ掲載料などの販促費用が、経費になるというのは、もりピーさんの言うとおりです。

ただ、経費と言っても、原価の3要素で言う経費にはなりません。なぜなら、原価の3要素の経費は、あくまで「製品を作るためにかかった費用」を指すからです。

「そうすると、販促費用や、ほかにも営業員の給料、出張費なども、製品を作るためにかかった費用じゃないってことですよね。この費用は、どうすればいいのでしょうか？」

販促費用や営業員の給料や出張費は、「製品を作り終わってから、販売するまでにかかった費用」になるため、販管費に該当します。

なお、同じ出張でも製品を作る人が出張したら原価、製品を販売する営業員が出張したら販管費となり、同じ出張費でも扱いが異なってくることには、注意しておきましょう。

○「経費」は、製品を作るためにかかったか否かで、原価の3
　要素上の経費か販管費のいずれかに分かれる。

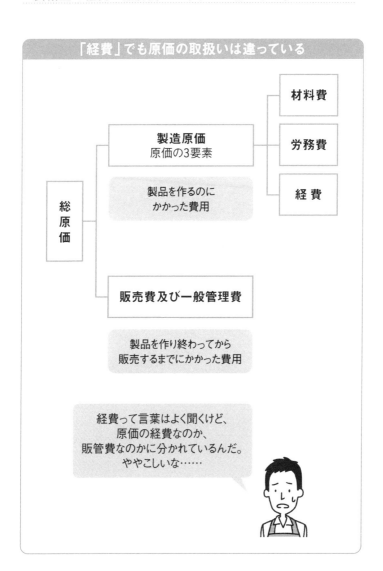

「経費」でも原価の取扱いは違っている

総原価
├── 製造原価
│   原価の3要素
│   製品を作るのに
│   かかった費用
│   ├── 材料費
│   ├── 労務費
│   └── 経費
└── 販売費及び一般管理費
    製品を作り終わってから
    販売するまでにかかった費用

経費って言葉はよく聞くけど、
原価の経費なのか、
販管費なのかに分かれているんだ。
ややこしいな……

事務員の給料は
どうなるの？

A book to explain with figure

● 事務員のお給料は原価（労務費）になるの？

「仮に事務作業を行う人を雇った場合、その人の給料は、原価に入るのでしょうか？」

事務員の給料が、原価になるかどうかは、「製品を作るためにかかった費用」なのかどうかという点から見ていく必要があります。その前に、事務員の業務を考えてみましょう。

◎ 営業事務…請求書の作成や発行、売上登録など

◎ 総務…コピー用紙の購入、会社家賃の管理など

◎ 経理…伝票入力、入出金管理、決算書作成など

◎ 秘書…社長のスケジュール管理など

◎ 工場事務…材料の発注、原価の計算など

このように、事務と言ってもさまざまな業務があります。
この中で「製品を作るため」の作業に該当しそうなものは、工場事務の部分で、これは労務費として原価に入れることになります。

なぜならば、直接製品を作っているわけではありませんが、工場の業務を行っている以上、製品を作るための補佐を行っている、つまり、間接的に製品を作っていると考えられるからです。

工場事務以外の事務員の作業は、製品を作るための作業には該当しないので、販管費となります。

○ 事務員の給料のうち、製品を作るためにかかった費用のみが労務費となり、それ以外は販管費となる。

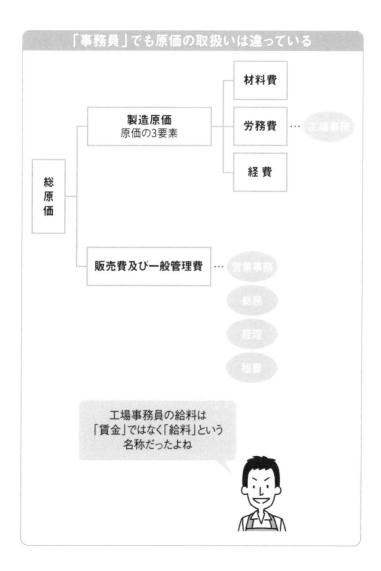

「事務員」でも原価の取扱いは違っている

総原価
- 製造原価 原価の3要素
  - 材料費
  - 労務費 … 工場事務
  - 経費
- 販売費及び一般管理費 … 営業事務／総務／経理／秘書

工場事務員の給料は
「賃金」ではなく「給料」という
名称だったよね

Chapter 3

基本的な原価の計算
方法を理解しよう
〜費目別計算〜

原価に含まれる内容がわかったので、今度はどのように原価が
計算されるのか基本的な流れを見ていきましょう。
本章を読めば、製品1個あたりの原価の計算方法が
わかると思います。

材料を買ったとき付随して
かかった費用はどうするの?

A book to explain with figure

● 付随してかかる費用は、材料の購入代金に含める

「原価のこともわかってきたので、4月から革製品を作り始めましたよ! 1枚540円の革を150枚買って81,000円支払いました。作業場まで配送してもらい、引き取るときに運賃3,000円を支払ったのですが、この運賃は経費に入れればいいのでしょうか?」

ようやく革製品を作り始めたもりピーさん。まずは材料である革を買ってきたようです。

材料を買うときには、材料の購入代金のほかに引き取る際の運賃など付随してかかってくる費用があります。

今、革の購入代金は81,000円でしたが、革を買うために付随してかかった運賃は、革の購入代金に含めて計算します。材料を買ったときに付随してかかる費用を材料副費と呼び、トータルの材料の購入代金を購入価額と言います。

ただ、言葉はあまり気にしないで、材料を買ったときに付随してかかる費用は、材料の代金に入れることを覚えておきましょう。

今回は、革の購入代金が81,000円ですが、引き取る際の運賃3,000円を加えると84,000円になります。そのため、1枚あたりの革の購入価額は、84,000円÷150枚＝560円となり、少し単価が上がったのがわかりますね。

○ **材料を買ったときに付随してかかる費用は、材料副費と呼び、材料の購入代金に含める。**

買った材料に付随してかかる費用

運賃 3,000円

作業場

革
1枚540円×150枚＝81,000円

Shop

革を売っている
お店

購入価額　＝　購入代金（価）　＋　材料副費
　　　　　　　　（革の代金）　　（引き取る際の運賃）

84,000円　＝　　81,000円　　＋　3,000円
（1枚あたり560円）

※材料副費の例
　買入手数料、引取運賃、荷役費、保険料、購入事務、検収費、保管費など

材料を使ったら、消費量を記録する必要はあるの?

A book to explain with figure

● 材料の消費量は、記録する必要があるの?

「いちいち買った革の枚数や、使った革の枚数を数えて管理しないとダメでしょうか? いざやってみるとかなり面倒なんですが……」

革を買った枚数や使った枚数を数えるのは、かなり手間がかかりますが、両方ともきちんと記録していないと、いくら買って、いくら使ったのかがわかりません。原価計算では、買ったときは、きちんと記録する必要がありますが、使ったときは、2種類の記録のしかたがあります。

● 継続記録法で求める方法

原則は、使った数量もきちんと記録する継続記録法という記録のしかたです。使った数量をきちんと記録するので、今月余った材料は、「先月余った材料＋今月買った材料－今月使った材料」で計算します。例えば、先月余った革が50枚、今月買った革が150枚、今月使った革が合計170枚だったとすると、50枚＋150枚－170枚で、今月余った革は30枚となります。

もし、月末に余った革の枚数を数えてみて、計算した枚数と違った場合、革を無くしてしまったなど原因を把握することができます。ただ、きちんと記録するということは、それだけ手間がかかってしまうというデメリットがあります。

○ **材料の消費量の計算は継続記録法と棚卸計算法がある。**

○ **原則は、使った数量をその都度記録する継続記録法である。**

継続記録法のイメージ

先月余った革：50枚　　今月買った革：150枚

4/2	40枚 使った
4/10	10枚 使った
4/15	75枚 使った
4/20	45枚 使った

使うたびに
記録する

けっこう
大変だなぁ…

（合計）170枚

月末の余った革は

50枚 ＋ 150枚 － （40 ＋ 10 ＋ 75 ＋ 45）枚 ＝ 30枚

先月余った分　今月買った分　　4/2　　4/10　　4/15　　4/20

● 棚卸計算法で求める方法

　金額が小さかったり、それほど重要でないものまできちんと記録すると、手間と時間がかかって大変です。そのため、使った数量は記録しないで、月末に余った材料の数量を数えて、使った数量を計算する棚卸計算法という方法があります。使った数量は記録しないため、今月使った材料は「先月余った材料＋今月買った材料－今月余った材料」で求めます。例えば、先月余った革が50枚、今月買った革が150枚、今月余った革が28枚だったとすると、50枚＋150枚－28枚で、今月使った革は172枚と計算します。

　この場合、簡単に使った量を計算することができますが、月末に余った革の枚数しかわからないので、革を無くしたことなどを把握することができません。

　実務上は、継続記録法で行うことが原則でしたが、月末に余った材料の数量も数えて、計算した数量と違った場合、原因を把握しています。

棚卸計算法のイメージ

先月余った革：50枚　　今月買った革：150枚

使った革は

50枚 ＋ 150枚 － 28枚 ＝ 172枚

先月余った分　　　今月買った分　　月末余った分

在庫28枚

倉庫

月末の革の枚数は28枚か…
何か減っていないか!?
（3-6参照）

材料を使ったときの単価は
どうやって求めるの？

A book to explain with figure

●個別法で計算する方法

　「結局、4月は革靴、ストラップ、バッグを作りました！　材料費を計算したいのですが、今月買った革84,000円を材料費とすればいいんですよね？」

　もりピーさんは、革の購入価額84,000円が材料費になると考えているようですが、もりピーさんに質問です。今月買った150枚の革は、全部使い切っていますか？

「いえ。先月買った革が50枚余っていたので、それを40枚使い、今月買った革は130枚だけ使いました。そのため、トータル170枚使っていますね。ちなみに、先月買った革は特売で買ったので、材料副費を含めても1枚356円とすごく安かったんですよね！」

　今の話をまとめると、使った革の金額は、以下のように計算します。

　　　　先月買った革：356円×40枚 ＝ 14,240円

　　　　今月買った革：560円×130枚 ＝ 72,800円

　合計すると87,040円ですが、これが材料費の金額となります。このように、買ってきた材料を単価ごとにきちんと区別して計算する方法を個別法と呼んでいます。

○ 材料の単価の計算は個別法、先入先出法、平均法がある。

○ 予定価格を利用すると計算が迅速化できる。

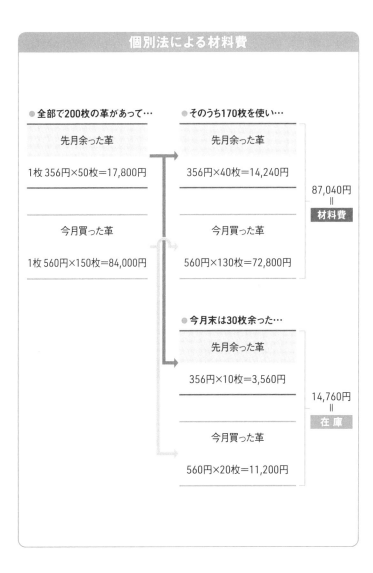

個別法による材料費

● 全部で200枚の革があって…

先月余った革

1枚 356円×50枚＝17,800円

今月買った革

1枚 560円×150枚＝84,000円

● そのうち170枚を使い…

先月余った革

356円×40枚＝14,240円

今月買った革

560円×130枚＝72,800円

87,040円
＝
材料費

● 今月末は30枚余った…

先月余った革

356円×10枚＝3,560円

今月買った革

560円×20枚＝11,200円

14,760円
＝
在庫

先入先出法で計算する方法

　ただ、きちんと区別するのは、かなり手間です。そのため、古い材料から使ったとみなして計算する方法があり、これを先入先出法と呼んでいます。

　今の例で言うと、先月余った革は、50枚のうち40枚使ったため10枚余っていますが、先入先出法では「古い革から使った」とみなすため、先月余った50枚の革は、全て使ったものとみなして計算することになります。そうすると、当月買った革は、実際使った130枚ではなく、120枚で計算することになります。

　　　　先月買った革：356円×50枚＝17,800円

　　　　今月買った革：560円×120枚＝67,200円

　このため先入先出法での材料費は、合計85,000円となります。

平均法で計算する方法

　ほかにも平均法と呼ばれる計算方法があります。これは「手間をかけずに計算したい」「材料を買う時期によっては値段が変わるので、平均的に計算したい」というときに使われたりします。この場合、先月余った革と今月買った革の金額と枚数を合計し、1枚あたりの単価を求めます。

　　　　先月買った革：17,800円　　　合計101,800円

　　　　今月買った革：84,000円　　　　（1枚509円）

　1枚あたり509円に使った革170枚を掛けて、材料費を求めると86,530円になります。平均法のほうが、先入先出法より高くなったことがわかりますね。

　「古い革から使っていくのが普通なので、私は先入先出法で計算したいと思います！」

先入先出法と平均法による材料費

先入先出法による材料費

● 全部で200枚の革があって…

先月余った革
1枚 356円×50枚＝17,800円

今月買った革
1枚 560円×150枚＝84,000円

● そのうち170枚を使い…

先月余った革
356円×50枚＝17,800円

今月買った革
560円×120枚＝67,200円

85,000円
＝
材料費

● 今月末は30枚余った…

今月買った革
560円×30枚＝16,800円

在 庫

平均法による材料費

● 全部で200枚の革があって…

先月余った革	50枚	17,800円
今月買った革	150枚	84,000円
合計	200枚	101,800円
	（1枚	509円）

● そのうち170枚を使い…

1枚 509円×170枚＝86,530円

材料費

● 今月末は30枚余った…

1枚 509円×30枚＝15,270円

在 庫

※ここでの平均法は、厳密には総平均法と呼ばれています。
　平均法は他にも移動平均法があります。

予定価格を用いる方法

　個別法や先入先出法、平均法は、実際に買った金額を元に使った材料の単価を計算していましたが、その月が終わらないと材料費を計算できないといった問題点があります。例えば、平均法を使った場合、材料の単価509円を計算するには、その月に買った革の金額と枚数が判明するまでは計算できません。すると「製品はできたのに原価がわからないから、販売価格が決められない」ということになってしまいます。

　そこで利用されるのが予定価格です。これは、過去のデータなどを見て「おおよそこれくらいの単価だろう」と想定した金額を単価とします。例えば、「過去のデータを見たら、平均的には500円で革を購入しているので、予定価格も500円にする」といったように用います。あらかじめ500円と決めているので、月の半ばでも材料費の金額を計算できますね。

　1枚あたり500円に使った革170枚を掛けて、材料費を求めると85,000円になりますが、これが材料費の金額になります。

　ただ、月が終わって、例えば平均法を使っていた場合、実際の単価が509円と判明します。すると、予定価格と実際価格の材料費の差額は1,530円と予定価格で計算したほうが、材料費が少なくなっています。そのため、差額1,530円は追加の費用として、会計のルール上、売上原価に入れて、最終的な利益の金額を実際の価格に合わせるようにしています。なお、この差額1,530円のことを材料消費価格差異と呼んでいます。

平均価格を利用した場合の材料費

平均法による材料費（予定価格を使った場合）

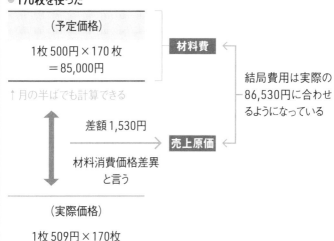

● **170枚を使った**

（予定価格）

1枚 500円 × 170枚
＝ 85,000円

↑月の半ばでも計算できる

材料費

結局費用は実際の
86,530円に合わせ
るようになっている

差額 1,530円

材料消費価格差異
と言う

売上原価

（実際価格）

1枚 509円 × 170枚
＝ 86,530円

↑月末まで待たないと計算できない

● **今月末は30枚余った**

（実際価格）

1枚 509円 × 30枚
＝15,270円

在 庫

↑在庫は予定価格は使わない

それぞれの製品の材料費を求めてみよう

A book to explain with figure

● 各製品1個を作るのにかかった材料費は？

　もりピーさんは、先入先出法で計算するとのことでしたが、全体の材料費は85,000円でした。ただ、今月は、革靴、ストラップ、バッグの3種類を作っているので、製品ごとの材料費を計算しなければいけません。

　例えば、4月の1日から14日までは、革靴とストラップの作成を行っていたとします。右の図を見ると、革を使った枚数は、革靴が40枚、ストラップが10枚です。先入先出法で材料費を計算した場合、先月余った革から使ったとみなすため、単価は356円を使います。すると、材料費は以下のとおりになります。

　　　革靴：356円×40枚＝14,240円

　　　ストラップ：356円×10枚＝3,560円

　そして、4月15日から30日までは、バッグを作成していたとします。先月余った革は無くなっているため、今月買った革の単価560円で材料費を計算します。完成したバッグが75枚、作成中のバッグが45枚のため、材料費は以下のとおりになります。

　　　バッグ（完成品）：560円×75枚＝42,000円

　　　バッグ（作成中）：560円×45枚＝25,200円

　これで、それぞれの材料費を計算することができましたね。

○ 複数の製品を作っている場合は、それぞれの製品の材料費
　を計算する必要がある。

それぞれの製品の材料費はいくら?

● 今月使った革170枚の内訳

4月1日〜14日	4月15日〜30日
先月余った革	今月買った革
1枚 356円×50枚＝17,800円	1枚 560円×120枚＝67,200円

材料費85,000円

革靴 2個 完成	ストラップ 15個 完成	バッグ 15個 完成	バッグ 10個 作成中
356円×**40枚** ＝14,240円	356円×**10枚** ＝3,560円	560円×**75枚** ＝42,000円	560円×**45枚** ＝25,200円

製品にどれだけ使ったのか
不明な材料はどうするの?

A book to explain with figure

● どの製品にどれだけ材料を使ったのかがわかる?

革の製品を作るためには、革以外にも糸やボンド、カッター、木槌などの消耗品や工具が必要でした。これらの消耗品や工具は、革靴やストラップ、バッグを作るときに共通して使いますが、それぞれの製品にどのくらい使ったのかを金額で表すのは、手間がかかったり、難しいものもありそうです。

例えば、糸やボンドは、革と同じように使った量を記録して金額を出せそうな気もしますが、そこまで手間をかけたくないですよね。また、カッターや木槌などは、どの程度使ったのかを記録しておくこと自体、難しそうです。

このように、どの製品にどれだけの材料を使ったのかが直接的にわからない材料費を間接材料費と呼びます。反対に、革のようなどの製品にどれだけの材料を使ったのかが直接的にわかる材料費を直接材料費と呼びます。

直接材料費は、先ほどの革靴やバッグの材料費を計算したときのように使った量と単価で計算して求めますが、間接材料費は、ほかの間接費とまとめて「製造間接費」として計算することになっています。ここでは、間接材料費が革のようなメインの素材とは、材料費の計算のしかたが違っていることだけを押さえておきましょう。

○ どの製品にどれだけ材料を使ったのか直接的にわかる**直接材料費**と、直接的にわからない**間接材料費**がある。

直接材料費と間接材料費

主な材料費（原材料） … 革

買入部品費 ………… バッグの取っ手

直接材料費

革は「革靴に40枚、ストラップに15枚使った」、バッグの取っ手も「バッグ1個につき2つ使った」というように、どの製品にどれだけ使ったのかがわかる

補助材料費 ………… 糸、ボンド

工場消耗品費 ……… 石けん

消耗工具器具備品費 … 針、カッター、木槌

間接材料費

糸やボンドなどは、使った量を記録するのが手間だし、カッター、木槌などは、どの製品にどれだけ使ったかを記録すること自体難しい

材料を無くしてしまったら、どうすればいいの?

A book to explain with figure

● 材料を無くしてしまった

「月末に革の数を数えたら28枚しかありませんでした。記録上は30枚なので、どうやら2枚無くしてしまったようです……」

　革を無くしてしまったことは、会社にとってマイナスの影響がありそうですが、状況を整理してみましょう。

　今月余った革は30枚あるはずでしたが、実際数えたら28枚しかありませんでした。つまり、記録上と実際の数量で2枚の差が出ていることがわかります。この記録上と実際の数量が違っていることを棚卸減耗と呼び、材料として使ったのではなくて、経費(棚卸減耗費)がかかったと考えて、経費として処理することになります。

● 棚卸減耗費の計算は……?

「棚卸減耗費は、どうやって計算するんでしょうか?」

　今月余っているはずだった革30枚は、先入先出法で計算しているので、今月買った分だけで構成されているはずです。今月買った革1枚あたりの金額は、560円だったので、560円×2枚=1,120円が棚卸減耗費となります。また、記録上の今月余った革の枚数も30枚から28枚に減らし、在庫の金額も560円×28枚=15,680円に修正します。

○記録上と実際の数量が違っていた場合、実際の数量に合わせ、減った分は棚卸減耗費として経費で処理をする。

棚卸減耗

- 記録上の在庫金額は
  560円×30枚＝16,800円　あるはずだったけど…

- 実際数えてみての、在庫金額は
  560円×28枚＝15,680円　しかなかった

560円×2枚＝1,120円は
棚卸減耗費として経費で処理をする

記録上の在庫は16,800円だけど
1,120円の経費処理をすることで、
記録上の在庫も15,680円に
修正されるよ

原価計算での勤務時間の内訳を見てみよう

A book to explain with figure

● 勤務時間の内訳を見てみよう

「労務費を計算しようと、勤務時間を集計してみました。1か月で180時間だったんですが、休憩時間も含まれているし、どの時間を使っていいのか、さっぱりわかりません」

モノ作りをする人の一日の勤務時間の内訳を確認しておきましょう。9時出勤で18時退社の場合、トータルの9時間が勤務時間となります。このうち12時から13時までの1時間が休憩時間だとすると、残りの8時間は就業時間と呼ばれます。

ただ、作業を行う以外にも、例えば、届く予定の材料が届いておらず、手待になったりするケースもあるため、手待時間が発生することもあります。そのため、就業時間から手待時間を引いたものが実働時間になります。

モノ作りをする人の実働時間は、原価計算上では2種類に分けられています。製品を作ることに従事していた直接作業時間と、例えば事務作業や掃除など製品を作る以外の作業をしていた間接作業時間です。

労務費の計算に使う時間は、就業時間がベースとなります。右の図で言うと160時間ですね。そのため、20時間の休憩時間は労務費の計算に含めませんが、2.5時間の手待時間は労務費の計算に含めることになります。

○ 製品を作ることに従事していた直接作業時間と作ること以
外の作業をしていた間接作業時間がある。

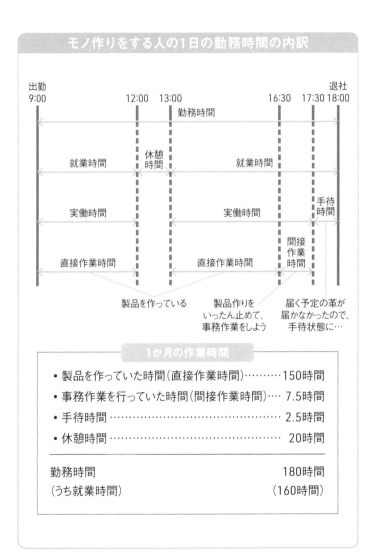

モノ作りをする人の1日の勤務時間の内訳

1か月の作業時間

- 製品を作っていた時間（直接作業時間）………150時間
- 事務作業を行っていた時間（間接作業時間）…… 7.5時間
- 手待時間 ……………………………………… 2.5時間
- 休憩時間 ………………………………………… 20時間

勤務時間	180時間
（うち就業時間）	（160時間）

それぞれの製品の
労務費を求めてみよう

A book to explain with figure

◉製品1個作るのに必要な労務費は？

今月のもりピーさんの賃金は1か月192,000円だったとします。すると、1時間あたりの作業単価は192,000円÷就業時間160時間＝1,200円となりますが、この作業単価のことを賃率と言います。

今月は、革靴、ストラップ、バッグの3種類を作りましたが、労務費も各製品ごとに計算する必要があります。

右の図を見ると、作業した時間は、革靴が40時間、ストラップが10時間、バッグは完成したものが75時間、作成中のものが25時間かかっていることがわかります。

労務費を計算する場合、単価は賃率の1,200円を使います。すると、労務費は以下のとおりになります。

◉ 革靴：1,200円×40時間＝48,000円

◉ ストラップ：1,200円×10時間＝12,000円

◉ バッグ（完成品）：1,200円×75時間＝90,000円

◉ バッグ（作成中）：1,200円×25時間＝30,000円

なお、事務作業や手待ちの時間が合計10時間生じていて、12,000円かかっています。これも労務費となりますが、それぞれの製品とは別に計算することになります（3-9参照）。

○ **労務費は、賃率×作業時間で計算する。**

○ **労務費も、製品ごとに計算する。**

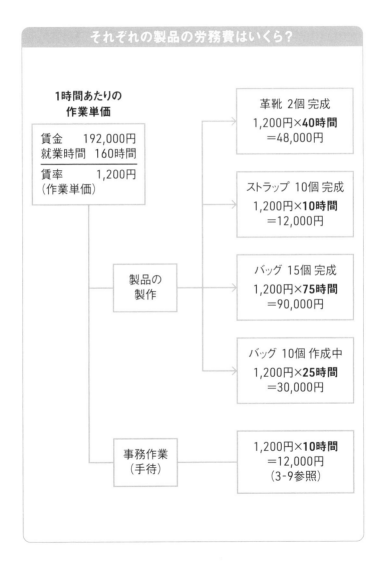

それぞれの製品の労務費はいくら？

**1時間あたりの
作業単価**

賃金	192,000円
就業時間	160時間
賃率	1,200円
(作業単価)	

革靴 2個 完成
1,200円×**40時間**
＝48,000円

ストラップ 10個 完成
1,200円×**10時間**
＝12,000円

製品の
製作

バッグ 15個 完成
1,200円×**75時間**
＝90,000円

バッグ 10個 作成中
1,200円×**25時間**
＝30,000円

事務作業
（手待）

1,200円×**10時間**
＝12,000円
（3-9参照）

予定賃率を用いる方法

　賃率も材料の単価と同じで、その月が終わらないと作業時間や賃金を計算できないといった問題点があります。例えば、賃率1,200円を計算するには、その月の作業時間160時間と賃金192,000円が判明するまでは計算できません。すると、材料費と同じように、月の半ばなどは原価がわからない状況になってしまいます。

　そこで、予定賃率を利用します。例えば、「（まだ過去のデータはありませんが）平均的な作業時間は150時間で、賃金は192,000円のため、予定賃率は1,280円にする」といったように用います。あらかじめ1,280円と決めることによって、月の半ばでも労務費の金額を計算できます。

　予定賃率1,280円にそれぞれの製品を作業した時間を掛けて、労務費を求めますが、これが労務費の金額になります。

　月が終わって、実際の賃率1,200円が判明し、予定賃率と実際賃率の労務費の差額12,800円を売上原価に入れるのも材料費と同じです。また、この差額12,800円は賃率差異と呼ばれます。

　今回は予定賃率で計算した労務費が、実際賃率で計算したそれよりも大きくなっています。そのため、賃率差異12,800円は費用の減少分として、売上原価から差し引いて、最終的な利益の金額を実際の価格に合わせるようにしています。

予定賃率を利用した場合の労務費

（予定賃率）

1,280円 × 160時間
＝ 204,800円

↑月の半ばでも計算できる

労務費

結局費用は実際の
192,000円に合わせ
るようになっている

差額 12,800円

売上原価

賃率差異と言う

（実際賃率）

1,200 × 160時間
＝ 192,000円

↑月末まで待たないと計算できない

モノ作り以外の作業を
したら労務費はどうなる？

A book to explain with figure

● どの製品にどれだけ作業したのかがわかる？

革の製品を作るためにかかっている人のコストは、給料以外に賞与や法定福利費などがありましたが、労務費もどの製品にどれだけ作業したのかが直接的にわかる労務費を直接労務費、どの製品にどれだけ作業したのかが直接的にわからない労務費を間接労務費と呼んでいます。

ここで、直接労務費になるものと間接労務費になるものを押さえておきましょう。まず、製品を直接作っている人と、機械のメンテナンスなど間接的に関わっている人がいます。また、工場の事務作業を行う人などもいます。この中で直接労務費になるのは、製品を直接作っている人の賃金・雑給のみで、それ以外の人の賃金・給料・雑給は、間接労務費となります。

なお、製品を作っている人でも、例えばもりピーさんのように事務作業を行ったり、手待の時間があったりしました。このような間接作業時間や手待時間の労務費は、直接労務費ではなく、間接労務費になります。

また、人の賃金・給料のほかに、賞与、法定福利費、退職給付費用がありましたが、これらもすべて間接労務費になります。なお、間接労務費も、ほかの間接費とまとめて「製造間接費」として計算することになっていることは、間接材料費と同じになります。

○ どの製品にどれだけ作業したのかが**直接的にわかる直接労務費**と、**直接的にわからない間接労務費**がある。

労務費の分類

直接作業時間
（製品を作っている）

直接労務費

どの製品にどれだけ作業したのかがわかる

賃金・雑給

製品を作る人の賃金・雑給

間接作業時間
（事務作業、掃除など）

手待時間
（材料が届くのを待っている）

↑（3-8の話はココ）

機械などのメンテナンスをする人の賃金・雑給

工場事務員などの給料・雑給

間接労務費

どの製品にどれだけ作業したのかがわからない

従業員賞与手当

法定福利費

退職給付費用

経費は製品にどれだけ
使ったのかわかるの？

A book to explain with figure

● どの製品にどれだけ経費を使ったのかがわかる？

革の製品を作るためにかかっている材料費や労務費以外は、すべて経費として扱いましたが、経費もどの製品にどれだけ経費を使ったのかが直接的にわかる経費を直接経費、どの製品にどれだけ経費を使ったのかが直接的にわからない経費を間接経費と呼んでいます。

ここで、直接経費になるものと間接経費になるものを押さえておきましょう。経費でどの製品にどれだけ使ったのかが直接的にわかるものは少なく、外注した場合の加工費や特許権の使用料くらいです。それ以外のものは、製品にどれだけ使ったのかが明確にはわからないものばかりなので、間接経費となります。

「確かに、作業場の家賃や電気代なんかも、バッグにどのくらい使ったのかはわかりませんね。棚卸減耗費も、知らないうちに無くしていて、ストラップを作るための革だったのか、バッグを作るための革だったのかわからないですし」

なお、間接経費も、ほかの間接費とまとめて「製造間接費」として計算することは、間接材料費や間接労務費と同じです。

○ **経費も直接経費と間接経費がある。**

○ **支払月ではなくサービスを受けたときに経費にする。**

3 基本的な原価の計算方法を理解しよう

経費の分類

外注加工費	特許権使用料	→ **直接経費** どの製品にどれだけ経費を使ったのかがわかる

棚卸消耗費	水道光熱費	
賃借料	修繕費	**間接経費** どの製品にどれだけ経費を使ったのかがわからない
通信費	交通費	

など

先に1年分の経費を支払った場合

　間接経費の中には、気をつけるべきものがあります。それは、1年分を先に支払うなどお金を先に支払ったり、後に支払ったりするケースです。この場合、お金の出入りには関係なく、1か月分の使った金額を計算する必要があります。

　例えば、作業場の家賃を先に支払うケースで考えてみましょう。右のケース1の請求書を見てみると、5月分の家賃ですが、支払った日は4月30日になっています。この場合、支払った4月の経費になるのではなく、作業場を使うというサービスの提供を受ける5月の経費になります。

　また、後に支払うケースも同様です。右のケース2の請求書を見てみると、5月分の電気代ですが、支払日が6月30日になっています。この場合、支払う予定の6月の経費になるのではなく、作業場を使うというサービスの提供を受けた5月の経費になります。

　「へ〜、そうなんですか。今まではお金を払ったときに経費として処理すればいいものだとばかり思っていましたよ。でも、これもきちんと把握していないと忘れてしまいそうですね」

● **ケース1　先払いのケース**

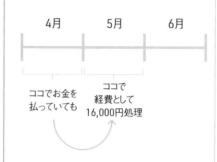

請求書
支払日　4/30
5月分　家賃
金額　　16,000円

● **ケース2　後払いのケース**

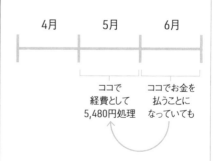

請求書
支払日　6/30
5月分　電気代
金額　　5,480円

製造間接費を製品に割り振るにはどうすればいい?

A book to explain with figure

●製造間接費とは?

「間接材料費、間接労務費、間接経費は、別で計算するとのことでしたが、どのように革靴やバッグに振り分けるのでしょうか?」

間接材料費、間接労務費、間接経費を合わせて製造間接費と呼んでいます。それでは、もりピーさんが使った製造間接費を右の図で見てみましょう。いろいろな間接費が発生していますが、合計60,000円かかっていることがわかりますね。繰り返しとなりますが、この60,000円は「革靴やストラップ、バッグを作るのに必要な原価ではあるものの、それぞれの製品にどれだけ使ったのかが直接的にわからない原価」です。

●製造間接費を各製品に分ける方法

「それでは、製造間接費60,000円を、私の勘と経験で革靴、ストラップ、バッグに割り振っていきましょう! まず、革靴は……」

ちょっと待ってください! 製造間接費は、勘と経験で割り振ってはいけません。それぞれの製品にどれだけ使ったのかが直接的にわからないので、何らかの基準を決めて、それぞれの製品に割り振ることになります。

○ 基準を決めて、各製品に割り振ることを配賦と言う。

○ 作業内容によって、妥当な配賦の基準を設定する。

間接材料費、間接労務費、間接経費を集計してみると

● 製造間接費の内訳

間接材料費 ……	糸、ボンド、石けん	1,900円
	針、カッター、木槌	3,500円
間接労務費 ……	事務作業	12,000円
	法定福利費	20,000円
間接経費 ………	作業場の家賃	16,000円
	電気代	5,480円
	棚卸減耗費	1,120円
製造間接費		60,000円

この基準を決めて、それぞれの製品に割り振ることを、配賦と呼んでいます。では、この割り振る基準をどうやって決めるのかを考えてみましょう。

　もりピーさんに質問です。バッグはどうやって作っていますか？手作業が中心ですか？　それとも機械作業ですか？

　「今は、機械を使ってないので、ほとんど手作業ですね。革の切削機を買えば、機械作業も増えると思いますが、今すぐ買うのは止めましたので……」

　もりピーさんは、手作業が中心なので、製造間接費も手作業を行った時間で割り振るのがよさそうです。右の作業表を見ると、もりピーさんが製品を作るのにかけた直接作業時間は150時間となっています。つまり、製造間接費60,000円を、製品を作った直接作業時間150時間を基準に割り振ります。

　60,000円÷150時間＝1時間あたり400円

　製造間接費の1時間あたりの単価は400円となりましたが、この単価を配賦率と言います。そして、それぞれの製品に割り振った結果が右の下の図です。60,000円がすべての製品に割り振られたのがわかりますね。今回は、手作業の時間で割り振りましたが、ほかにもっと妥当な基準があるなら、手作業の時間でなくてもOKです。例えば、機械作業中心なら、機械を使った時間でもいいですし、場合によっては、使った材料費の金額で割り振るということも考えられるでしょう。

　「なるほど！　製造間接費は、割り振る基準がポイントなんですね！」

製造間接費の配賦

● 作業表（作業時間の内訳）

革靴	40時間		
ストラップ	10時間	直接作業時間	150時間
バッグ	75時間		
バッグ（作成中）	25時間		
事務作業	10時間 ……	間接作業時間	10時間

● それぞれの製品に製造間接費を配賦すると

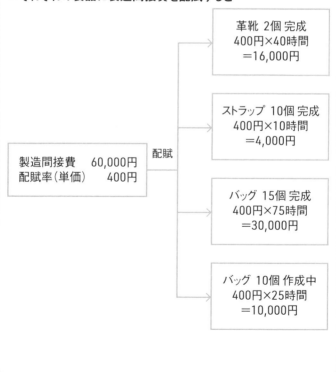

製造間接費　60,000円
配賦率（単価）　400円

配賦

革靴 2個 完成
400円×40時間
＝16,000円

ストラップ 10個 完成
400円×10時間
＝4,000円

バッグ 15個 完成
400円×75時間
＝30,000円

バッグ 10個 作成中
400円×25時間
＝10,000円

予定配賦率を用いる方法

　さて、製造間接費の配賦率も材料費の単価や労務費の賃率と同じで、その月が終わらないと配賦率がわからないといった問題点があるため、予定配賦率が利用されます。予定配賦率は、「年間の製造間接費の予算は655,200円で、年間のもりピーさんが働く時間は1,680時間と見積もる。その場合、655,200円÷1,680時間で390円を予定配賦率とする」といったように設定します。なお、1,680時間のことを基準操業度と呼んでいます。この基準操業度も、今はもりピーさんの作業時間を配賦基準に使っていますが、機械作業中心なのであれば、当然機械を使った時間を基準操業度として利用することもあります。

　予定配賦率390円にそれぞれの製品を作業した時間の合計150時間を掛けると、製造間接費は58,500円になります。

　月が終わって、実際の製造間接費60,000円が判明すると、差額の1,500円を売上原価に入れるのは、材料費や労務費の差異と同じです。なお、この差額のことを製造間接費配賦差異と呼んでいます。今回は、予定配賦率で計算した製造間接費が、実際配賦率で計算したそれよりも小さくなっています。そのため、製造間接費差異1,500円は追加の費用として、売上原価に入れることになります。

予定配賦率を利用した場合の製造間接費

（予定配賦率）

390円 × 150時間
＝ 58,500円

↑月の半ばでも計算できる

製造間接費

結局費用は実際の
60,000円に合わせ
るようになっている

差額 1,500円

売上原価

製造間接費配賦
差異と言う

（実際配賦率）

400円 × 150時間
＝ 60,000円

↑月末まで待たないと計算できない

製品1個あたりの原価を求めてみよう

A book to explain with figure

●原価はいくら？

それでは、このChapter3で計算した原価の内容を整理しておきましょう。右の表のバッグを例にとってみると、15個作って169,500円の原価がかかっていることがわかります。この原価169,500円を15個で割って1個あたりの原価を計算すると11,300円です。

そのため、11,300円を基準に販売価格を決めたり、あるいはコストを下げる目標を立てたりすることが可能になります。また、11,300円を使って製造原価や売上原価、在庫の金額も計算することができますね。

「あ、直接経費の7,500円というのは、結局取っ手を付ける作業を外注に任せたのでした。バッグ1個あたり500円で作業してくれたので、500円×15個で7,500円。それにしてもはじめは、バッグ1個作るには革代金くらいだと思っていたんですが、ほかの費用も入れるとかなりかかっているんですね……。本当にいろいろなコストを考えなければいけないことがわかりました。趣味で売っていたときの価格5,000円で売り続けていたら大変なことになっていました。これで、販売する価格もきちんと設定できそうで、今度こそ上手くいく予感がします（笑）」

○**各製品の直接材料費、直接労務費、直接経費、製造間接を計算して集計すると、完成品の原価を計算することができる。**

1個あたりの完成品の原価はいくら?

	革靴	ストラップ	バッグ	バッグ (作成中)	合計	参考の Section
直接 材料費	14,240円	3,560円	42,000円	25,200円	85,000円	3-4
直接 労務費	48,000円	12,000円	90,000円	30,000円	180,000円	3-8
直接 経費	0円	0円	7,500円	0円	7,500円	
製造 間接費	16,000円	4,000円	30,000円	10,000円	60,000円	3-11
合計	78,240円	19,560円	169,500円	65,200円	332,500円	
個数	2個	10個	15個	10個	―	
1個 あたりの 完成品 原価	39,120円	1,956円	11,300円	―	―	

もし月末までに製品が完成していなかったら？

A book to explain with figure

●製品が月末までに完成しなかったら……

「そういえば、月末までにバッグが10個完成していませんでした。こういう場合、原価はどうなるんでしょう？　完成したことにしちゃえばいいですかね？」

月末までに完成しなかったバッグを完成したことにしようとしていますが、もりピーさん、さすがにそれはダメです。まず、作成中のバッグの原価情報をまとめてみます。原価の合計は65,200円ですが、この金額は、まだ製品の原価にすることはできません。なぜなら、作業の途中なので来月以降に追加で原価が発生する可能性があるからです。

それでは、この65,200円はどうなるのかというと、今月は仕掛品として会社の在庫にしておくことになります。仕掛品とは、作成中の製品のことを言います。

来月以降、作業が終わって完成すれば、追加の原価を計算した上で仕掛品から製品になり、1個あたりの原価を計算することができます。

○ **月末までに作業が終わらなかった作成中の製品は、仕掛品として会社の在庫にしておく。**

作成中のバッグは……

	（実際の単価）	（実際の消費量）	
直接材料費	560円	× 45枚	= 25,200円

	（実際の賃率）	（実際の作業時間）	
直接労務費	1,200円	× 25時間	= 30,000円

直接経費	ー	ー	ー

	（実際の配賦率）	（実際の作業時間）	
製造間接費	400円	× 25時間	= 10,000円

	実際の発生額		65,200円

> 今、10個作っているけど、
> 65,200円÷10個で、
> 1個あたり6,520円かかっているね。
> 完成品は1個あたり11,300円の
> 原価だから、まだ追加で原価は
> かかりそうだね

Chapter **4**

作業を分担した
場合の原価の
計算方法を理解しよう
〜部門別計算〜

製品1個あたりの原価の計算方法はわかりましたが、
1人で作ることは稀で、普通は作業を分担しています。
会社で言うと、「部門」別に分かれているはずです。
本章では、部門別に分かれている場合の
原価の計算方法を見ていきます。

いろいろな部門で作業を行う場合を考えてみよう

A book to explain with figure

●製造部門と補助部門

「仮にアルバイト3名を雇って、分業制にすると原価はどうなるのでしょう？　例えば、私とアルバイト1名が革靴とバッグの作成、もう1人がストラップの作成、最後の1人は事務作業を行ってもらおうと思います」

先ほどは、もりピーさんが1人で全ての作業を行っていましたが、規模が大きくなると分業で行うのが通常となります。会社では「部門」がイメージしやすいですが、原価を計算する部門と会社組織上の部門は必ずしも一致させる必要はありません。

例えば、革靴とバッグを作る部門が日用品制作部門（日用品）、ストラップを作る部門が雑貨制作部門（雑貨）、事務作業が事務部門（事務）とします（人数は1人ですが、イメージしやすいように、あえて部門にしています）。

このとき、日用品と雑貨は、製品を作っている部門なので、製造部門と呼ばれます。また、事務は製品を作っていませんが、日用品や雑貨を助けている部門なので、補助部門と呼ばれます。

○ 製品を作る部門を製造部門と言う。

○ 製造部門を助けている部門を補助部門と言う。

作業を1人ではなく分担して行う場合

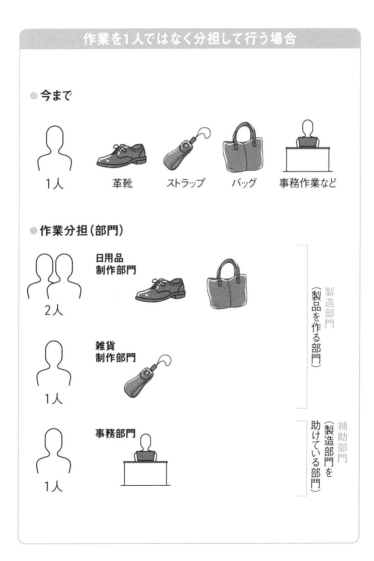

● 今まで

1人　革靴　ストラップ　バッグ　事務作業など

● 作業分担（部門）

日用品
制作部門

2人

雑貨
制作部門

1人

事務部門

1人

製造部門
（製品を作る部門）

補助部門
（製造部門を助けている部門）

いろいろな部門で共通して発生する費用を割り振ろう

A book to explain with figure

● 部門個別費と部門共通費

　ここからは、部門ごとに分けたときに、どのように原価を計算することになるのかを見ていきましょう。部門ごとに原価を計算する第1段階として、まず、それぞれの部門で発生したことがわかるものと、わからないものに分けていきます。

　どの部門でどれだけ発生したのかがわかるものを部門個別費、わからないものを部門共通費と呼んでいます。

　「もしかして、部門共通費というのは、どの部門で発生したかわからないから、また基準を決めて割り振るってことですか？」

　そのとおりです。なお、「割り振る」ことを「配賦」と呼んでいたことも思い出してくださいね。ここで注意しておくのが、直接費（直接材料費、直接労務費、直接経費）は、どの製品で発生しているのかが明確になっているので、部門には集計しません。あくまで、製造間接費だけが対象です。もりピーさんの場合、先ほど発生した製造間接費60,000円を、まずは部門ごとに割り振っていくイメージです。

　今回、どの部門で発生したのかがわかるものは、事務が行った事務作業12,000円だけだとします。それ以外は、どの部門でどれだけ発生したのかわからないため、部門共通費として考えます。

○ **第1次集計では、部門個別費と部門共通費に分けた後、部門共通費を各部門に最適な配賦基準で配賦する。**

部門個別費と部門共通費

●製造間接費の内訳

間接材料費‥‥糸、ボンド、石けん	1,900円	┐部門共通費
針、カッター、木槌	3,500円	┘
間接労務費‥‥事務作業	12,000円	─部門個別費
法定福利費	20,000円	
間接経費‥‥‥‥作業場の家賃	16,000円	┐部門共通費
電気代	5,480円	
棚卸減耗費	1,120円	┘
製造間接費	60,000円	

- 部門共通費‥‥‥‥どの部門でどれだけ使ったのかわからない。
- 部門個別費‥‥‥‥事務作業部門で発生したことがわかる。

● 製造間接費を各部門に分ける方法

　それでは、部門共通費をどのように配賦していくのかを考えてみましょう。

　例えば、間接材料費である消耗品や工具類などは、使った革の枚数を基準にして配賦すると納得感がありそうです。また家賃は、革の枚数を基準にするよりは、使っている面積比で配賦したほうが納得感がありそうです。

　このように、製造間接費の配賦と同じように、それぞれの内容に適した配賦の基準を決め、各部門に割り振っていきます。

　「とりあえず、それぞれに最適だと思われる配賦の基準を決めて、割り振ってみました」

　右上の表の配賦基準の部分に、どのような基準で配賦を行ったのかが記載されていますが、事務作業の部分に「直課」という言葉が出ています。これは、配賦を行わずに、発生した部門に直接計上することを意味しています。ここでは、事務部門に12,000円をそのまま計上するという意味ですね。

　右下の表が配賦した結果です。間接材料費は、事務では発生しないので、作った部門だけが負担していることがわかりますね。そして、それぞれの製造間接費を各部門にすべて配賦しているため、各部門の製造間接費（部門費と言います）を合計すると、当然ですが、製造間接費合計の60,000円になります。

　なお、このように部門個別費と部門共通費に分けた後、部門共通費を各部門に配賦することを第1次集計と言います。

● 各製造間接費の配賦基準

				配賦基準
間接材料費 ‥‥	糸、ボンド、石けん	①	1,900円	使った革の枚数で配賦。計算の便宜上、雑貨に5%、残りは日用品に配賦
	針、カッター、木槌	②	3,500円	
間接労務費 ‥‥	事務作業	③	12,000円	事務に直課
	法定福利費	④	20,000円	人数(4人)比で配賦
間接経費‥‥‥	作業場の家賃	⑤	16,000円	面積比で配賦
	電気代	⑥	5,480円	人数(4人)比で配賦
	棚卸減耗費	⑦	1,120円	間接材料費と同じ配賦基準
製造間接費			60,000円	

※面積比
日用　69.1625㎡
雑貨　20.65㎡
事務　10.1875㎡

合計　100㎡

● 第1次集計の結果

		日用品	雑貨	事務	合計
間接材料費	①	1,805円	95円	—	1,900円
	②	3,325円	175円	—	3,500円
間接労務費	③	—	—	12,000円	12,000円
	④	10,000円	5,000円	5,000円	20,000円
間接経費	⑤	11,066円	3,304円	1,630円	16,000円
	⑥	2,740円	1,370円	1,370円	5,480円
	⑦	1,064円	56円	—	1,120円
1次集計後部門費合計		30,000円	10,000円	20,000円	60,000円

補助している部門の費用を割り振ろう

A book to explain with figure

● 補助部門費を各製造部門に分ける方法

　部門ごとに原価を計算する第2段階として、補助部門に集計した間接費を、製造部門に割り振っていきます。今回で言うと、補助部門は事務部門のことを指しています。

　それでは、事務に集められた部門費20,000円を、日用品と雑貨に配賦してみましょう。これも部門共通費と同じような考え方で、最適だと思われる配賦基準を決めます。ここでは事務の人がそれぞれの部門にどれだけの時間を使ったのかを記録していたとして、その割合が、日用品に74%、雑貨に26%だったとします。

　その結果が、右の表です。事務部門費20,000円が、日用品と雑貨にすべて配賦されたことがわかります。そして、日用品と雑貨の部門費を合計すると、やはり製造間接費合計の60,000円になります。

　なお、このように1次集計後、補助部門費を各製造部門に配賦することを、第2次集計と言います。

○ 第2次集計では、第1次集計後、補助部門費を各製造部門
に最適な配賦基準で配賦する。

補助部門費の製造部門への配賦

●第2次集計の結果

	配賦基準	日用品	雑貨	事務	合計
1次集計後 部門費合計	―	30,000円	10,000円	20,000円	60,000円
事務部門費 20,000円	日用品 74% 雑貨 26%	14,800円	5,200円	△20,000円	0円
2次集計後 部門費合計	―	44,800円	15,200円	―	60,000円

製造間接費の
合計60,000円と
一致している

作っている部門の費用を割り振ろう

A book to explain with figure

製造部門費を各製品に分ける方法

部門ごとに原価を計算する第3段階として、製造部門に集計した間接費を、各製品に割り振っていきますが、これが部門費の最後の集計になります。

まず、日用品ですが、部門費44,800円を革靴とバッグに配賦してみましょう。これも最適だと思われる基準が必要になってきます。革靴とバッグは、手作業を中心に行っていたので、直接作業時間を使って配賦してみます。革靴が40時間、バッグで完成したものが75時間、作成中のものが25時間でトータルは140時間となります。そして、44,800円÷140時間で配賦率は320円となるため、配賦率に製品ごとの作業時間を掛けた結果が、右上の表のようになります。

次に、雑貨ですが、こちらはストラップのみを作成している部門だったので、部門の費用15,200円がそのままストラップの製造間接費となります。このように、2次集計後、各製造部門費を各製品に配賦することを第3次集計と言います。

そして、3-12で作成した表を同じように作ったものが、右下の表です。なお、話を簡単にするために、従業員が4人になっても労務費は変わらなかったとします。つまり、もりピーさんの賃金192,000円を4人で分け合い、実働時間もみんな合わせて160時間というイメージですね。

○部門別に集計すると正確な製品原価を計算できる。一方、

手続きが煩雑になるため、配賦はある程度割り切りも必要。

日用品の部門費の配賦

●第3次集計の結果

	配賦基準	革靴	ストラップ	バッグ	バッグ (作成中)
直接 作業時間 140時間	―	40時間	―	75時間	25時間
日用品 部門費 44,800円	直接作業 時間	12,800円	―	24,000円	8,000円
雑貨 部門費 15,200円	直課	―	15,200円	―	―

※ストラップにも10時間使っていましたが、配賦には関係ないので「―」になって
います。

●各製品の完成品原価

	革靴	ストラップ	バッグ	バッグ (作成中)	合計
直接 材料費	14,240円	3,560円	42,000円	25,200円	85,000円
直接 労務費	48,000円	12,000円	90,000円	30,000円	180,000円
直接 経費	0円	0円	7,500円	0円	7,500円
製造 間接費	12,800円	15,200円	24,000円	8,000円	60,000円
合計	75,040円	30,760円	163,500円	63,200円	332,500円
個数	2個	10個	15個	10個	―
1個あたり の完成品 原価	37,520円	3,076円	10,900円	―	―

●部門に分けた場合と分けない場合でどう違う?

ストラップ1個あたりの原価が大きく上がっているのがわかりますか?

「給料も作業時間も変わっていないのに、なぜこんなに違うのでしょうか? これじゃあ、またストラップの販売価格の練り直しですよ……」

部門ごとに集計しないでそのまま製品に配賦した場合、手作業を行った時間である直接作業時間で各製品に配賦したので、作業時間が少ないストラップにはあまり費用が配賦されず、製造間接費は4,000円だけの負担になっていました。

ところが、部門ごとに集計し、家賃を面積比、法定福利費を人員比などで配賦した結果、ストラップには15,200円とそれ相応の負担が発生していたことがわかります。

このように、部門別に計算することによって、より正確な製品原価の計算ができるようになる一方で、いろいろな配賦基準を決めないといけなくなるので、計算の手続きは複雑になるといったデメリットもあります。そのため、どこまで配賦基準を精緻に行うのかがポイントになってきます。

「部門ごとに計算すると正確に原価が計算できるんですね。でも、計算が大変そうですし、まだ上手くいく予感がしているだけなので(笑)、しばらくは一人で作ることにします」

ストラップの製造原価を見てみると

製造間接費を製品にそのまま 配賦したケース		製造間接費を部門ごとに 集計してから製品に 配賦したケース
直接材料費	3,560円	3,560円
直接労務費	12,000円	12,000円
製造間接費	4,000円	15,200円
合計	19,560円	30,760円
個数	10個	10個
1個あたりの 完成品原価	1,956円	3,076円

Chapter 5

原価と在庫の
関係を知ろう

本章では、原価と在庫の関係を見ていきます。
「製品をたくさん作ると原価が減るというのは本当?」
「でも、たくさん作りすぎて在庫が増え過ぎるのも
良くないと聞くし……」このような疑問について、
考えていきましょう。

材料の単価と消費量を減らすと原価は下がる？

A book to explain with figure

● 製品を作るための材料を増減させるとどうなるの？

「知り合いのゲンカヤスシさんという方から『モノは作れば作るほど原価が安くなるからたくさん作ったほうがいいよ』と言われたんですが、本当なんでしょうか？」

　もりピーさんは、名前からして怪しい人のアドバイスを受けたようですが、製品はたくさん作れば作るほど原価は安くなっていくのでしょうか？　直接材料費、直接労務費、製造間接費の3つの観点から考えていきますが、まずは、直接材料費を見てみましょう。

　ここでは、作成したバッグを例に考えてみます。バッグは15個完成していましたが、直接材料費は以下のとおりでした。

　@560円×75枚＝42,000円（@は1単位あたりという意味です）

　バッグ15個で75枚の革を使っているので、1個あたり5枚の革を使っていると言えます。基本的にたくさんバッグを作れば作るほど、革の枚数も比例して増えていくはずなので、その結果、直接材料費も比例して増えることになります。

　一方で、セールで買った革の金額が1枚280円と半額だった場合、材料費の単価は280円となり、直接材料費も比例して減ります。

　@280円×75枚＝21,000円

　このように、材料費の単価は買ってきた金額の影響を受けますが、消費量は、作れば作るほど原価が比例して増えることがわかりますね。

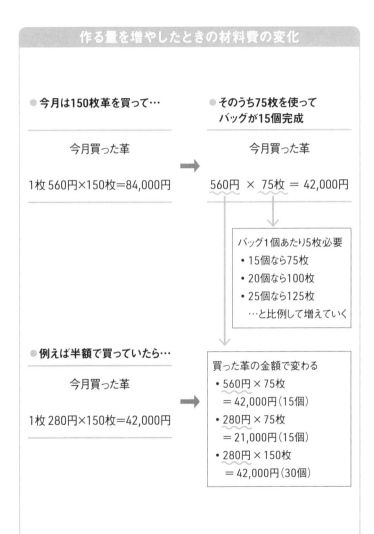

○ **材料費の単価は、購入代金の影響を受ける。**

○ **消費量は、通常作れば作るほど増えていく。**

作る量を増やしたときの材料費の変化

● **今月は150枚革を買って…**

今月買った革

1枚 560円×150枚＝84,000円

● **そのうち75枚を使って バッグが15個完成**

今月買った革

560円 × 75枚 ＝ 42,000円

バッグ1個あたり5枚必要
- 15個なら75枚
- 20個なら100枚
- 25個なら125枚
　…と比例して増えていく

● **例えば半額で買っていたら…**

今月買った革

1枚 280円×150枚＝42,000円

買った革の金額で変わる
- 560円 × 75枚
　＝ 42,000円（15個）
- 280円 × 75枚
　＝ 21,000円（15個）
- 280円 × 150枚
　＝ 42,000円（30個）

作業時間を減らしたら、原価は下がるの？

A book to explain with figure

●製品を作るための作業時間を増減させるとどうなるの？

次に、直接労務費に着目してみましょう。バッグは15個完成していましたが、直接労務費は、以下のとおりでした。

＠1,200円×75時間＝90,000円（15個）

バッグを15個作るのに75時間使っているので、1個あたり5時間の作業をしていると言えます。基本的にたくさんバッグを作れば作るほど、作業時間も比例して増えていくはずなので、その結果、直接労務費も比例して増えることになります。

ただ、バッグのほかに革やストラップも作成していて、作業時間は月160時間でした。一方で、賃金は月額192,000円の固定です（残業代は考えないとします）が、例えば、もりピーさんのスキルが上がって、すべてを作るスピードが2倍になり、2倍の個数を作ったら、直接労務費はどうなるでしょうか？

現状は、192,000円の固定給に対して、1か月の作業時間は160時間で、賃率は1,200円でした。しかし、2倍のスピードになったら、バッグであれば37.5時間で15個作ることができます。すると37.5時間が余るので、さらにバッグを15個作ったとします。

＠1,200円×75時間＝90,000円（30個）

金額はスピードアップ前と変わらないように見えますが、作った個数が変わっているので、同じ原価で2倍作れたことがわかりますね。このように、直接労務費は、作れば作るほど原価は下がりそうですね。

○ **固定給の場合、業時間を減らしても、それをほかの作業に**
向けないと、原価は下がらない。

作業するスピードを変化させた場合

● **現状では…**

賃率

賃金	192,000円
就業時間	160時間
賃率	1,200円

➡ バッグ 15個 完成

1,200円×75 時間 ＝ 90,000 円

↓

バッグ1個あたり5時間必要
- 15個なら75時間
- 30個なら150時間
  …と比例して増えていく

● **1か月の作業時間は同じで作業スピードを2倍にすると**

賃率

賃金	192,000円
就業時間	160時間
賃率	1,200円

➡ バッグ 30個 完成

1,200円×75 時間 ＝ 90,000 円

賃率や労務費は変わらないけど、
1個あたり　75÷30＝2.5時間
で作っている!

給料が固定給の場合、注意が必要

　ただし、今の話はあくまで1か月160時間働いていることが前提です。もし、2倍のスピードにして作業時間を減らしたのに、何もしなかったらどうなるでしょう？　つまり、80時間しか作業しなかった場合です。

　賃率　192,000円÷80時間＝2,400円

　1時間あたりの単価が2倍の2,400円に上がってしまいました。すると、バッグ15個を作るための直接労務費は、2,400円×37.5時間で90,000円となります。

　スピードを2倍にしたものの、原価は変わっていません。これは、固定給であるため、作業時間が減ると賃率が増えてしまうからです。そのため、作業時間も原価も同じ割合で減らすためには、トータルの作業時間は変えないようにする必要があります。なお、時給制の場合は、作業時間が変わっても時間あたりの単価は変わらないので、このような問題は生じません。

　「なるほど。頑張って作業時間を減らした分は、ちゃんとほかの作業をやらないとダメってことですね」

作業するスピードや時間を変えると……

給料	192,000円
就業時間	160時間
賃率	1,200円

→

バッグ 15個 完成

1,200円×75時間 = 90,000円

2倍の時間働いて
製品を2倍作ると…

↓

給料	192,000円
就業時間	320時間
賃率	600円

→

バッグ 30個 完成

600円×150時間 = 90,000円

こんなに働いたら
倒れてしまう…

スピードを2倍に上げて、
製品を2倍作れば…

↓

給料	192,000円
就業時間	160時間
賃率	1,200円

→

バッグ 30個 完成

1,200円×75時間 = 90,000円

※原価は同じだけど、完成した個数は2倍。
　つまり、1個あたりの原価は安くなっている!

スピードを2倍に上げたのに、
その分何もしなかったら…

↓

給料	192,000円
就業時間	80時間
賃率	2,400円

→

バッグ 15個 完成

2,400円×37.5時間=90,000円

※空いた時間何もしなかったので、
　原価は変わらず…

機械を使う時間を増やすと原価は下がるの？

A book to explain with figure

● 機械の作業時間を増やすとどうなる？

最後に、製造間接費に注目してみましょう。製造間接費は、間接材料費、間接労務費、間接経費といろいろな費用の集まりでした。ストラップやバッグにどれだけ使っているのかがわからなかったので、基準を決めて配賦していました。

それでは、製造間接費は、製品を作れば作るほど原価は下がるのでしょうか？

例えば、もりピーさんが切削機を買って機械を使った時間で配賦していたとします。製造間接費は1か月60,000円でトータル120時間使っていたとすると、配賦率は500円になります。そして、バッグ15個を完成させるのにかかった時間が30時間だったとすると15,000円が配賦されます。

今、切削機を使う時間を2倍にして、製品も2倍作ることにします。すると、トータル240時間使うことになるので、配賦率は250円に減ります。そして、バッグ30個を完成させるのにかかった時間は2倍の60時間になるため、15,000円が配賦されます。

金額は、切削機を2倍使う前と変わらないように見えますが、作った個数が変わっているので、同じ原価で2倍作れたため、1個あたりの原価が下がったことがわかりますね。

○ 機械などの使用量を上げて、同じ金額の製造間接費で製品
を完成させれば、配賦基準に関わらず、1個あたりの原価
は減っていく。

機械が作業する時間を変えると……

● 材料を使った時間を基準に配賦した場合

製造間接費	60,000円
機械を使った時間	120時間
配賦率	500円

→

バッグ 15個 完成

500円×30時間＝15,000円

機械を使う時間を
2倍にして、
製品も2倍作ったら…

製造間接費	60,000円
機械を使った時間	240時間
配賦率	250円

→

バッグ 30個 完成

250円×60時間＝15,000円

※原価は同じだけど、完成した個数は2倍。
つまり、1個あたりの原価は下がっている!

⬤ もし、直接作業時間を基準にしたら

　ただ、今機械を使った時間を例にしたのでイメージしやすかったのですが、他の配賦基準を使っても、1個あたりの原価は下がります。

　例えば、先ほどの労務費の例で言うと、バッグ15個では人の作業時間が75時間必要でしたが、機械をたくさん使って30個完成させても、人の作業時間は75時間です。この場合、原価は15個完成のときも30個完成のときも28,125円なので、1個あたりの原価は下がっていることがわかりますね。なお、原価は15,000円から28,125円に上がっていますが、これは、選んだ配賦基準の影響によるものです。この差額分、革靴やストラップの原価が減ることになります。

　機械を使ったおかげで、1個あたりの原価が下がったのに、人の作業時間を使って配賦しているため、これは最適な配賦基準ではなかったと言えそうですね。

機械が作業する時間を変えると……

● 直接作業時間を基準に配賦した場合

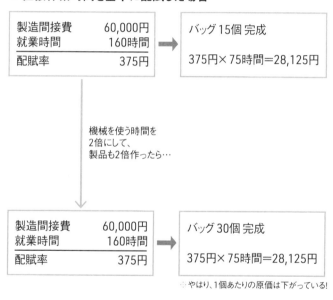

製造間接費	60,000円
就業時間	160時間
配賦率	375円

バッグ 15個 完成

375円×75時間＝28,125円

機械を使う時間を
2倍にして、
製品も2倍作ったら…

製造間接費	60,000円
就業時間	160時間
配賦率	375円

バッグ 30個 完成

375円×75時間＝28,125円

やはり、1個あたりの原価は下がっている!

たくさん作ると在庫が増えるけど大丈夫なの？

A book to explain with figure

在庫が増えると資金繰りが大変になる？

「たくさん作るのはいいのですが、思ったほど商品が売れず在庫が増えてしまったら、どんな影響がありますか？」

食料品などと違って賞味期限が無いものであれば、在庫を多く持っていても問題無いようにみえますが、保管コストがかかったり、お客さんのニーズに合わなくなってきて、売れなくなる可能性もあります。ここでは在庫の影響を考えてみましょう。

右の図のように、今月売れ残ったバッグは6個で、在庫の金額は67,800円となっています。

もし、この67,800円を現金で持っていれば、もっといろいろなことに使うことができたはずです。何かの請求の支払いに回してもいいし、必要なモノを買って来てもよかったかもしれません。つまり、現金で持っていれば、いろいろな選択肢があったのに、在庫で持つと選択肢がほぼ売ることに限られてしまうことになるため、在庫を持ちすぎることには注意する必要があります。

「恐ろしいですね……。需要を読めず、在庫が『罪庫』にならないように気をつけたいと思います」

○ **もし在庫の金額分を現金で持っていれば、選択肢が増える**
ため、適度な在庫量を検討する必要がある。

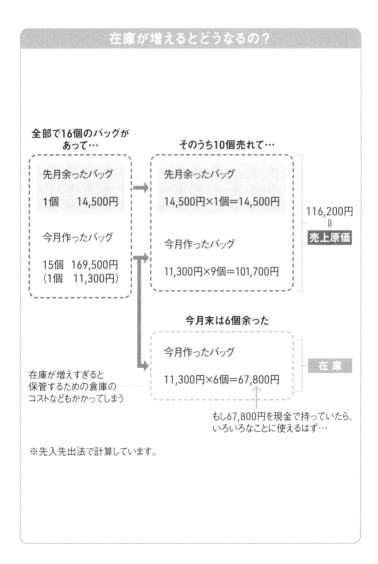

在庫が増えるとどうなるの?

全部で16個のバッグが
あって…

先月余ったバッグ

1個　14,500円

今月作ったバッグ

15個　169,500円
（1個　11,300円）

そのうち10個売れて…

先月余ったバッグ

14,500円×1個＝14,500円

今月作ったバッグ

11,300円×9個＝101,700円

116,200円
＝
売上原価

今月末は6個余った

今月作ったバッグ

11,300円×6個＝67,800円

在庫

在庫が増えすぎると
保管するための倉庫の
コストなどもかかってしまう

もし67,800円を現金で持っていたら、
いろいろなことに使えるはず…

※先入先出法で計算しています。

在庫を増やすと利益が増えると聞くけど本当？

A book to explain with figure

● 売上原価と在庫の関係

「先輩のリエキアツシさんという方から『在庫は増やしたほうが、利益アツアツだよ』と言われました。利益が増えるなら、やっぱり在庫はどんどん増やしたほうがいいんですかね？」

「在庫が増えたら利益が増える」と、またまた、知り合いの名前からして怪しげですが、まず、利益（ここでは売上総利益）の求め方を確認しておきましょう。

売上総利益＝売上高－売上原価

この式から、売上総利益を増やしたい場合は「売上高」を増やすか、「売上原価」を減らすかになることがわかりますね。ここで、売上原価は、製品を作るのにかかった費用のうち、売れた分だけに対応した原価でした。売上原価は、以下のように求めることができます。

売上原価＝月初の在庫＋当月の製造原価－月末の在庫

「売上原価を減らすには、月末の在庫を増やせばいいということが、この式からもわかりますね。じゃあ早速、売上原価を減らして利益をアップさせましょう！」

○ **一度採用した会計のルールは、特殊な事情がない限り、継続して使わなければならない。**

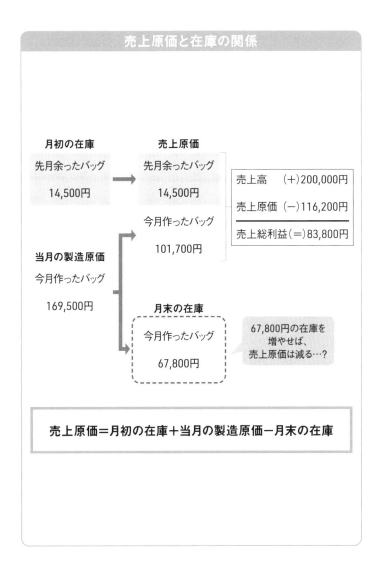

売上原価と在庫の関係

月初の在庫
先月余ったバッグ
14,500円

→

売上原価
先月余ったバッグ
14,500円

今月作ったバッグ
101,700円

売上高 （＋）200,000円	
売上原価 （－）116,200円	
売上総利益（＝）83,800円	

当月の製造原価
今月作ったバッグ
169,500円

月末の在庫
今月作ったバッグ
67,800円

67,800円の在庫を
増やせば、
売上原価は減る…?

売上原価＝月初の在庫＋当月の製造原価－月末の在庫

⬤機械を使う時間を増やした場合

　先輩のアツシさんが言っていることは本当なのでしょうか？実は、これは先ほどの固定給の社員の作業時間を増やすことや、機械の稼働時間を増やすことが影響してきます。

　例えば、先ほどの製造間接費の例で言うと、製造間接費は1か月60,000円で機械を使った時間がトータル120時間だったので、配賦率は500円でした。そして、バッグ15個を完成させるのにかかった時間が30時間だったので15,000円が配賦されていました。

　機械を使う時間を2倍にして、製品も2倍作ることにした場合、トータル240時間使うことになるので、配賦率は250円に減ります。そして、バッグ30個を完成させるのにかかった時間は2倍の60時間になるため、15,000円が配賦されますが、ここまでは5-3と同じです。

　ここで、売れた個数は、機械を2倍使う前と同じで15個だったとします。そうすると、15個分の売上原価は、作った製品のうち売れた金額に対応する製造原価だったので、7,500円となり、2倍使う前よりも売上原価は下がっています。また、2倍使う前は在庫がありませんでしたが、今回はその分が売れ残っているため、在庫として7,500円残っています。

　つまり、機械を使う時間を増やして作る個数を増やすと製造間接費、1個あたりの原価が下がり利益はアップします。ただし、この例では2倍作ったものの半分は在庫として残っているため、適正な在庫量を考えておかないと、安値で売ったり、廃棄したりすることにもなりかねないので、注意が必要です。

機械を使う時間を増やしたときの売上原価の変化

製造間接費　　　60,000円
機械を使った時間　120時間
――――――――――――――
配賦率　　　　　　　500円

→

バッグ15個 完成して販売

500円×30時間＝15,000円

売上原価

機械を使う時間を
2倍にして、
製品も2倍作ったら…

製造間接費　　　60,000円
機械を使った時間　240時間
――――――――――――――
配賦率　　　　　　　250円

バッグ15個 完成して販売

250円×30時間＝7,500円

売上原価

バッグ15個 完成して在庫

250円×30時間＝7,500円

在 庫

●単価の計算方法を変えた場合

　また、計算方法の違いによっても、在庫や売上原価の金額が変わることがあります。

　先入先出法や平均法を覚えていますか？　材料費の計算で出てきた言葉です。右の図を見てみましょう。

　先ほどは、先入先出法を使って売上原価と在庫の金額を計算していましたが、右下の図は、平均法を使って計算したものです。

　売上原価は、平均法では115,000円、先入先出法では116,200円と、平均法を使ったほうが売上原価が少ないことがわかります。一方、在庫は逆の結果となり、平均法では69,000円、先入先出法では67,800円と、先入先出法を使ったほうが在庫が少ないことがわかります。

　これを利用すれば、利益が出せそうな気もしますが、「今月は平均法、来月は先入先出法、再来月はまた平均法……」というような使い方はできません。利益を出したいために、その都度ルールを変えていたら、誰も会計の数字を信用しなくなってしまいます。そのため、一度採用した会計のルールは、特殊な事情が無い限り、継続して使わなければいけないことになっています。

　「そうなんですね……。会計のルールを破って在庫を増やしてもいいことは無さそうですね。地道にどうやったら売れるのかを考えます」

売上原価と在庫を計算してみると……

● 先入先出法

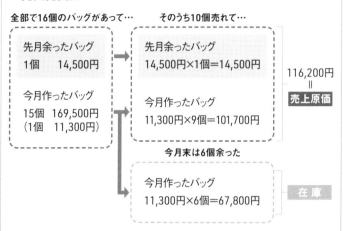

全部で16個のバッグがあって…　　そのうち10個売れて…

先月余ったバッグ
1個　　14,500円

今月作ったバッグ
15個　169,500円
（1個　　11,300円）

先月余ったバッグ
14,500円×1個＝14,500円

今月作ったバッグ
11,300円×9個＝101,700円

116,200円
＝
売上原価

今月末は6個余った

今月作ったバッグ
11,300円×6個＝67,800円

在　庫

● 平均法

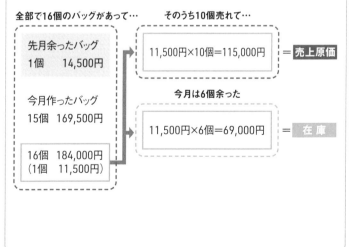

全部で16個のバッグがあって…　　そのうち10個売れて…

先月余ったバッグ
1個　　14,500円

今月作ったバッグ
15個　169,500円

16個　184,000円
（1個　　11,500円）

11,500円×10個＝115,000円　＝ **売上原価**

今月は6個余った

11,500円×6個＝69,000円　＝ **在　庫**

製品を無くしてしまったら どうすればいいの?

A book to explain with figure

● 製品の在庫を無くしてしまった

もし、売り物であるバッグを無くしてしまった場合、材料の革を無くした場合と何が違ってくるのかを考えてみます。まず、売れ残ったバッグは記録上は6個でしたが、実際数えると5個だったとします。

なお、記録上と実際上の数量が違っていることを、棚卸減耗と呼んでいたのは覚えていますか? 革を無くした場合は、経費として原価に含めましたが、バッグの棚卸減耗費はどうすればよいのでしょうか?

バッグを10個売ったときの売上原価は先入先出法で116,200円、月末の在庫は67,800円でした。今回、1個無くしたので、月末の在庫は5個分の56,500円に直さないといけません。つまり、1個分の11,300円が棚卸減耗費となります。

では、この11,300円はどうするのかというと、基本的には売上原価に含めます。売上原価は116,200円でしたが、11,300円プラスして127,500円になります。つまり10個しか売っていないのに、11個分の売上原価になってしまいますね。その分、売上総利益も減ってしまうので、在庫を無くすことは、会社にとってマイナスになることがわかります。

○ 記録上と実際の数量が違っていた場合、実際の数量に合わせ、減った分は**棚卸減耗費**として売上原価に含める。

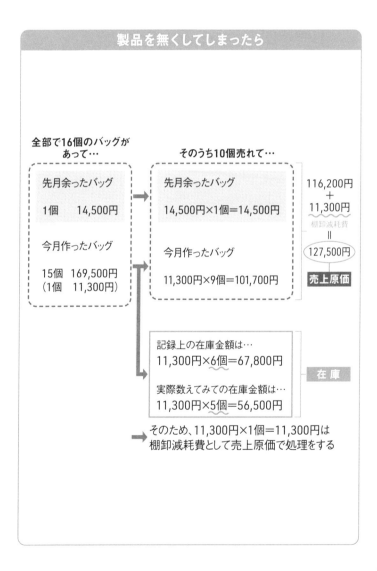

製品を無くしてしまったら

全部で16個のバッグが
あって…

先月余ったバッグ

1個　14,500円

今月作ったバッグ

15個　169,500円
（1個　11,300円）

そのうち10個売れて…

先月余ったバッグ

14,500円×1個＝14,500円

今月作ったバッグ

11,300円×9個＝101,700円

116,200円
＋
11,300円
棚卸減耗費
＝
127,500円
売上原価

記録上の在庫金額は…
11,300円×6個＝67,800円

実際数えてみての在庫金額は…
11,300円×5個＝56,500円

在　庫

そのため、11,300円×1個＝11,300円は
棚卸減耗費として売上原価で処理をする

5
原価と在庫の関係を知ろう

製品をサンプルで渡したら どうすればいいの？

● サンプル品は、売上原価ではない？

「作ったバッグを営業ツールとして使いたいんですが、これも売上原価に含めてしまえばいいんですかね？」

作った製品の中には、売るためではなく、営業ツールとして使う場合やサンプルとして配るケースもあります。このようなときはどのように扱えばよいのでしょうか？

先ほどバッグは1個作るのに原価が11,300円かかっていましたが、これを2個営業ツールとして使うとします。すると、金額は11,300円×2個で22,600円になります。

では、これが売上原価になるのかというと、売上原価は、売り上げた分に対応する原価で、今回は販売したわけではないので、売上原価にはなりません。それでは、バッグは何のために営業ツールとして使うのでしょうか？

「私のお店に、お客さんを呼ぶためですよ！ つまり、販促活動のためにかかっている費用です……って、あれ、もしかして販管費ですか？」

そのとおりです。販売するためにかかった費用なので、販管費として22,600円計上することになります。

○ 作成した製品を営業ツールやサンプル品など販促活動で使う場合は、販管費として取り扱う。

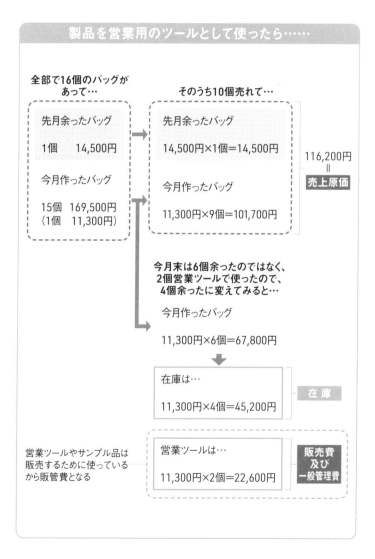

製品を営業用のツールとして使ったら……

全部で16個のバッグがあって…

先月余ったバッグ

1個　14,500円

今月作ったバッグ

15個　169,500円
（1個　11,300円）

そのうち10個売れて…

先月余ったバッグ

14,500円×1個＝14,500円

今月作ったバッグ

11,300円×9個＝101,700円

116,200円
＝
売上原価

**今月末は6個余ったのではなく、
2個営業ツールで使ったので、
4個余ったに変えてみると…**

今月作ったバッグ

11,300円×6個＝67,800円

在庫は…

11,300円×4個＝45,200円

在 庫

営業ツールやサンプル品は
販売するために使っている
から販管費となる

営業ツールは…

11,300円×2個＝22,600円

**販売費
及び
一般管理費**

Chapter 6

活動の結果を
見てみよう
〜財務3表〜

本章では、原価計算には直接関係ありませんが、
原価を計算した結果が、どのような報告書に
載ってくるのかを見ていきます。
会計色の濃い内容になりますが、
原価を計算する前提の知識として、覚えたい内容です。

財務諸表って、
何のために作るの?

●財務諸表を作る目的

　もりピーさんが事業を始めて1年間が経ちました。通常、事業を行っている場合、1年間でどのくらいもうかったのか、あるいは財産があるのかを把握するために財務諸表を作成します。財務諸表にはいろいろな種類がありますが、特に財務3表と呼ばれる貸借対照表、損益計算書、キャッシュ・フロー計算書が大事です。

　ここでは財務3表を作る目的を3つ紹介します。

①税務署に確定申告を行うため

　会社はもうけたら、税金を払う必要があります。自分でもうけた金額と税額を計算し、その内容を確定申告書に記載して税務署に提出しますが、確定申告書は財務諸表の情報がないと作れません。

②銀行が、会社にお金を貸すときに審査をするため

　銀行は貸したお金が返ってくるかどうかを判断しないといけません。そのときに、財務諸表の数値情報で会社の良し悪しを判断するため、財務諸表が必要になってきます。

③株主に会社の業績を報告するため

　会社には、お金を出してくれる人 (株主) がいますが、会社は、株主に業績を報告しないといけないので、財務諸表を作る必要があります。

⊙ **財務3表とは、貸借対照表、損益計算書、キャッシュ・フロー計算書のことを言う。**

財務諸表はいろいろな目的で作られている

①確定申告書を作るため

確定申告書

別表四	
当期利益	100
⋮	⋮
所得金額	120

財務諸表の情報が
ないと作れない

②銀行の審査のため

お金を貸して
ください

財務諸表の情報を
見て判断！

この会社の
業績や
事業の見通しは
どうかな…？

③株主への業績報告のため

今年は
これだけ
儲かりました

財務諸表の情報で
業績を報告

期待以上の業績だ！
素晴らしい！
来年もぜひ
頼みますよ！

株主

6

活動の結果を見てみよう

貸借対照表って、どんなものなの?

A book to explain with figure

● 貸借対照表とはどんなもの?

貸借対照表は、「ある時点で、会社にどれだけの持ち物 (財産) があるのか」を表した報告書です。

「ある時点」とは、6月30日、9月30日、3月31日など、基本的には、月末や決算日になります。

貸借対照表は、この6月30日や9月30日、3月31日などの時点で「会社に、どれだけの持ち物があるのか」を示しています。

● 「持ち物」は、3つの部に分かれる

貸借対照表は、3つの部に分かれています。図のように、左が資産の部、右が負債の部と純資産の部となっており、それぞれ、会社の持ち物の金額が示されています。

3つの部の内容は違いますが、ざっくり言うと、右側は「会社が、お金をどうやって、いくら集めたのか」を示し、左側は、「そのお金が、何にカタチを変えて、いくら持っているのか」を示しています。

余った革は原材料、作っている途中のバッグは仕掛品、売れ残ったバッグは製品、切削機などの機械は、機械 (固定資産)に表示されたりします。

○ **貸借対照表は、ある時点で、会社にどれだけの財産がある**
のかを表した報告書である。

貸借対照表の例

貸借対照表
令和5年3月31日

(単位：円)

科目	金額	科目	金額
（資産の部）		（負債の部）	
流動資産 すぐにお金に換えられるもの	810,000	流動負債 返済や支払いの期間が早いもの	65,000
現金及び預金	301,320	買掛金	10,000
売掛金	360,000	短期借入金	50,000
製品	67,800	未払金	5,000
仕掛品	65,200		
原材料	15,680	固定負債 返済や支払の期間が遅いもの	600,000
		長期借入金	600,000
固定資産 すぐにはお金に変えられないもの	190,000	負債合計	665,000
有形固定資産	190,000	（純資産の部）	
機械	190,000	**株主資本**	**335,000**
		資本金	300,000
		利益剰余金	35,000
無形固定資産	0		
投資その他の資産	0		
		純資産合計	335,000
資産合計	**1,000,000**	負債・純資産合計	**1,000,000**

【資産の部と負債の部の分類】
・1年以内にお金に換えられるものが流動資産
・お金に換えるのに1年以上かかるものが固定資産
・1年以内に返済や支払期限がくるものが流動負債
・返済や支払期限が1年より後のものが固定負債

左右は必ず一致する。
左右が一致することを「貸借が一致する」と言う

損益計算書って、どんなものなの？

●損益計算書とはどんなもの？

損益計算書は、「ある期間に、どれだけもうかったのか（損したのか）」を表した報告書です。「ある期間」とは、3か月、半年、1年が馴染みがあるかと思います。それぞれの期間に応じて、「四半期決算」「上期決算」「本決算」と呼ばれますが、損益計算書は、その期間に「どれだけ売り上げて、何にどのくらい使って、どれだけもうけたのか（損したのか）」を示しています。

損益計算書で、原価と深く関わるのは営業利益までなので、営業利益までを見ていきましょう。

①売上高

売上高は、製品を提供したときに得た代金の総額です。革製品を売ることが本業のもりピーさんの場合、いらなくなったパソコンを売っても売上高には入りません。

②売上原価

売上原価は、製品を作るのにかかった費用のうち、売り上げた分に対応したものでした。

③売上総利益

売上総利益は粗利とも呼ばれ、製品力によって稼いだ利益のことで、「売上高−売上原価」で計算します。

◦ **損益計算書は、ある期間に、どれだけもうかったのか（損したのか）を表した報告書である。**

損益計算書の例

損益計算書
自令和4年4月1日　至令和5年3月31日

（単位：円）

科目		金額	計算のしかた
売上高		4,320,000	①
売上原価		2,538,000	②
売上総利益	粗利（あらり）とも呼ばれる	1,782,000	③＝①-②
販売費及び一般管理費		1,692,000	④
営業利益	経営者も投資家も「本業で稼げているのか？」に注目するため、一番大事な利益と言っても過言ではない	**90,000**	⑤＝③-④
営業外収益			
受取利息	5,000	5,000	⑥
営業外費用			
支払利息	45,000	45,000	⑦
経常利益		50,000	⑧＝⑤+⑥-⑦
特別利益		0	⑨
特別損失		0	⑩
税引前当期純利益		50,000	⑪＝⑧+⑨-⑩
法人税、住民税及び事業税	15,000	15,000	⑫
当期純利益	最終的に会社に残った利益。これを配当に回したりする	**35,000**	⑬＝⑪-⑫

6 活動の結果を見てみよう

④販売費及び一般管理費（販管費）

販売費及び一般管理費は、実務では販管費と省略されますが、本業の利益を生み出すためにかかった費用です。製品を販売するためにかかった費用（販売費）と、会社の管理・運営にかかった費用（管理費）に分類されます。営業員や営業事務員、本社スタッフの給料、販促活動にかかった費用、本社の家賃などが該当します。

⑤営業利益

営業利益は、本業で稼いだ利益のことで、「売上総利益−販管費」で計算します。本業で稼いだ利益のため、事業主にとっては最も重要な利益と言えます。

もりピーさんの営業利益を見ると、90,000円になっています。もう少し詳しく見てみると、売上総利益（粗利）が1,782,000円で、販管費が1,692,000円かかっています。

売上総利益（粗利）がもっと稼げたはずなのか、あるいは、販管費が高かっただけなのかは、調査しないとわかりませんが、事業として成功するには、営業利益を高めていかないといけませんね。

「むむむ……。バッグの市場調査が甘かったのか……いや、営業をネットに頼り過ぎたのかもしれません。一度、きちんと調査しておく必要がありますね。トホホ……」

販売費及び一般管理費の具体例

販売手数料	製商品の販売を委託した場合、販売金額に応じて委託業者に支払う手数料。「販売に直接関係する」点がポイント。
運賃荷造費	製商品を発送する際の梱包材や運送費。
広告宣伝費	会社、製商品、サービスを売り込むための広告や宣伝にかかる費用。
役員報酬	代表取締役、監査役、その他役員に支給する報酬。
給料	従業員に支給する給与。
賞与	ボーナスのこと。
法定福利費	健康保険料、厚生年金、労災保険などの会社負担分。
福利厚生費	従業員の健康や慶弔費のために支払う費用。結婚祝い、健康診断費用、食堂代など。
交際費	得意先に対する接待費用。
旅費交通費	出張や外出時の交通費など。出勤時の定期代を含める場合もあるが、給料としての性格もあるため「通勤費」勘定など別で管理する場合もある。
通信費	インターネット接続料、電話代、切手代、ファックス代など。
水道光熱費	水道代、ガス代、電気代など。
消耗品費	コピー用紙・ボールペンなど文具全般、電球、事務用机など。
租税公課	税金や公のために支払うもの。固定資産税、印紙税、自動車税など。
減価償却費	機械や建物を使うことによって、当初よりも価値が落ちるため、その価値減少分の金額を見積って計上したもの。
修繕費	機械や建物などの保守点検や修理にかかった費用。
保険料	会社が支払う保険料。火災保険料、損害保険料など。
賃借料	ある物を借りるために支払う費用のこと。土地や建物を借りている場合「地代家賃」勘定なども用いられる。
支払手数料	銀行の振込手数料や不動産業者に支払う仲介手数料、専門家（不動産業者、弁護士、公認会計士、税理士など）に支払う報酬のこと。
雑費	少額で使用頻度が低い、適当な名称が無いもの。
貸倒引当金繰入額	売上代金の回収が難しいと思われる金額を見積もったもの。
貸倒損失	実際に、売上代金の回収が出来なかった金額。

キャッシュ・フロー計算書って、どんなものなの？

A book to explain with figure

● キャッシュ・フロー計算書とは？

キャッシュ・フロー計算書は、「ある期間に、どれだけのお金の出入りがあったのか」を表した報告書です。「ある期間」というのは、損益計算書と同じく、3か月、半年、1年などの期間のことを言います。お金の出入りをきちんと把握しておくために必要なのが、このキャッシュ・フロー計算書です。

● 「お金の出入り」は、大きく分けて3種類ある

「お金の出入り」と言っても、お金は様々な用途で出たり入ったりします。キャッシュ・フロー計算書では、このお金の出入りを、次の3つの活動に分けています。

①営業活動によるキャッシュ・フロー

②投資活動によるキャッシュ・フロー

③財務活動によるキャッシュ・フロー

会社は、「お金を調達して（③）、いろいろなモノに投資し（②）、それを利用して本業でもうける（①）」といった活動を繰り返しますが、この分類はそれと同じになっていることがわかります。

例えば、バッグを売っても代金があとで入金される場合、損益計算書の売上高には反映されますが、現金は入ってきていないので、キャッシュ・フロー計算書には反映されません。

○ キャッシュ・フロー計算書は、「ある期間に、どれだけのお金の出入りがあったのか」を表した報告書である。

キャッシュ・フロー計算書の例

キャッシュ・フロー計算書
自令和4年4月1日　至令和5年3月31日

（単位：円）

区分	金額
Ⅰ. 営業活動によるキャッシュ・フロー	
税引前当期純利益	50,000
減価償却費	10,000
受取利息	△5,000
支払利息	45,000
売上債権の増減額（△は増加）	△360,000
たな卸資産の増減額（△は増加）	△148,680
仕入債務の減少額（△は減少）	10,000
その他	5,000
小計	△393,680
利息及び配当の受取額	5,000
利息の支払額	△45,000
法人税等の支払額	△15,000
営業活動によるキャッシュ・フロー	△448,680
Ⅱ. 投資活動によるキャッシュ・フロー	
有形固定資産の取得による支出	△200,000
投資活動によるキャッシュ・フロー	△200,000
Ⅲ. 財務活動によるキャッシュ・フロー	
長期借入金による収入	750,000
長期借入金の返済による支出	△100,000
財務活動によるキャッシュ・フロー	650,000
Ⅳ. 現金及び現金同等物にかかる換算差額	0
Ⅴ. 現金及び現金同等物の増加額	1,320
Ⅵ. 現金及び現金同等物の期首残高	300,000
Ⅶ. 現金及び現金同等物の期末残高	301,320

製造原価報告書って、どんなものなの？

A book to explain with figure

●製造原価報告書とは？

　モノを作る製造業では、財務3表以外に、もうひとつ大事な製造原価報告書という財務諸表があります。製造原価報告書は、ある期間に製品を作る際にかかった費用の内訳を表した報告書です。

　材料を買って来てから、製品を作り、どれだけ製品が完成したのかが、金額でわかる資料です。なお、表から個数はわからないので注意してくださいね。

　表は、イメージしやすいように、Chapter4で使った数値をそのまま使っていますが、基本的には、損益計算書と同じく3か月、半年、1年などの期間で作るのが通常です。

　当期製品製造原価を見ると、製品を作るのにどのくらいの費用がかかっているのかがわかりますね。これを見ると、267,300円分の製品が完成しています。

　「ようやく財務諸表の見方が、わかりましたよ〜。今回は営業利益が思うような数字ではありませんでしたが、このデータを元に、来年はもっと売上は上げて、原価は下げることを考えれば、きっと上手くいくと思います！」

○**製造原価報告書は、ある期間に製品を作る際にかかった費用の内訳を表した報告書である。**

製造原価報告書の例

製造原価報告書（1か月分）

Ⅰ.直接材料費				
期首材料費	（＋）	17,800		
当期材料仕入高	（＋）	84,000		
計		101,800		
他勘定振替高	（－）	1,120		
期末材料	（－）	15,680	（＋）	85,000
Ⅱ.直接労務費			（＋）	180,000
Ⅲ.直接経費			（＋）	7,500
Ⅳ.製造間接費				
間接材料費	（＋）	5,400		
間接労務費	（＋）	32,000		
間接経費	（＋）	22,600	（＋）	60,000
当期総製造費用			（＋）	332,500
期首仕掛品			（＋）	0
計				332,500
期末仕掛品			（－）	65,200
当期製品製造原価				267,300

Chapter 7

大量生産した場合の
原価の計算方法を
理解しよう

～個別原価計算と総合原価計算～

Chapter3、4では、原価の計算方法を見ましたが、
製品を作る形態としては、オーダーメイドのように
受注してから生産するケースと、あらかじめ市場を予測し、
見込で大量生産するケースがあります。
本章では、これらの原価の計算方法を見ていきます。

オーダーメイドで作る場合の原価を求めてみよう

A book to explain with figure

●特定製造指図書とは、どんなもの？

「昨年までは各製品をオーダーメイドで作っていたのですが、ストラップの売れ行きが好調なので、試しに今月、来月はオーダーメイドをストップして、ストラップだけを大量生産してみようと思っています。」

オーダーメイドと大量生産では、原価計算の方法が違ってくるので、それぞれの計算の方法を見ておきましょう。

まずは、オーダーメイドのケースです。オーダーメイドは、お客さんから注文をもらって、製品を作り始めていくやり方です。具体的な流れは、お客さんから注文をもらったら、工場の現場に、製品の仕様書のほかに、「こういうものを作りなさい」と命令した特定製造指図書というものが発行されます。モノ作りをする人たちは、これに従って製品を作っていきます。

例えば、先ほどのバッグの例で言うと、㈱ワンホースから15個のバッグの注文を受けたとします。すると、製造現場の責任者であるもりピーさんが、右上の図のような製造指図書を作り、製品を作っていきます。そして、この製造指図書ごとに原価を集計して、製品の原価を計算していきます。例えば、Chapter3の例で言うと、革靴、ストラップ、バッグ、バッグ（仕掛中）の4つがありましたが、それぞれ4つの会社から注文をもらっていたら、それぞれの製造指図書が発行されると考えてください。

◎ **オーダーメイドでは、注文ごとに特定製造指図書が発行され、製品が完成した時点で製品の原価を集計する。**

製造指図書とは

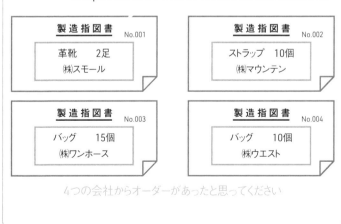

製造指図書

送付先

No.003
令和○年4月1日

品目	種類	規格	生産命令量
バッグM	バッグ		15個

得意先	㈱ワンホース		
製作着手予定日	令和○年4月15日	製作着手日	令和○年4月15日
製作完了予定日	令和○年4月20日	製作完了日	令和○年4月19日
納期	令和○年4月30日	引渡場所	東京都練馬区

Chapter3の例でいうと、4つの製造指図書が発行される

製 造 指 図 書 No.001

革靴　2足
㈱スモール

製 造 指 図 書 No.002

ストラップ　10個
㈱マウンテン

製 造 指 図 書 No.003

バッグ　15個
㈱ワンホース

製 造 指 図 書 No.004

バッグ　10個
㈱ウエスト

4つの会社からオーダーがあったと思ってください

原価計算表とは、どんなもの？

　製造指図書ごとに原価を集計していくことになりますが、製品の原価を表にまとめたものが、原価計算表と呼ばれるもので、右上の図が、発行された製造指図書の原価計算表で、右下の図が、製造指図書別に1枚でまとめたものです。

　Chapter3では、指図書のナンバーは記載していませんでしたが、4つの会社から注文をもらっていたとすると、このような形になります。

　直接材料費、直接労務費、直接経費は、発生する都度、あるいは定期的に該当する製造指図書へ記録し、製造間接費は、定期的に集計して、各製造指図書に配賦します。そして、製品が完成したら、製品の原価を集計します。

　なお、備考欄には、完成したのか仕掛中なのかを記載し、仕掛中のものは、翌月の「月初の仕掛品」の部分に、それまでにかかった原価を記入することになります。例えば、No.004を見ると、当月65,200円の原価が発生しています。仮に、この中に完成しているものがあっても全て完成するまでは、仕掛中の扱いになります。そのため、備考欄には「仕掛中」と記載し、翌月の「月初仕掛品」に65,200円と記入することになります。

原 価 計 算 表

No.003
品目　　バッグ
数量　　15個

着手日　令和○年4月15日
完了日　令和○年4月19日

直接材料費	直接労務費	直接経費	製造間接費	集計
4/15　42,000円	4/15　22,500円		4/15　10,000円	4/15　74,500円
	4/16　22,500円			4/16　22,500円
	4/17　22,500円		4/17　10,000円	4/17　32,500円
		4/18　7,500円		4/18　7,500円
	4/19　22,500円		4/19　10,000円	4/19　32,500円
計　42,000円	計　90,000円	計　7,500円	計　30,000円	計　169,500円

指図書別原価計算表

(単位:円)

	No.001	No.002	No.003	No.004	合計
月初仕掛品	—	—	—	—	
当月製造費用					
直接材料費	14,240	3,560	42,000	25,200	85,000
直接労務費	48,000	12,000	90,000	30,000	180,000
直接経費	—	—	7,500	—	7,500
製造間接費	16,000	4,000	30,000	10,000	60,000
合計	78,240	19,560	169,500	65,200	
(備考)	完成	完成	完成	仕掛中	

あらかじめ大量に作る場合の考え方を知ろう

● 総合原価計算の考え方

さて、もりピーさんは、今月、来月は大量生産をしたいと考えているようですが、ある程度需要の予測が見込めるのであれば、規格化された製品をある程度作っておいたほうが効率的です。

このような市場見込生産形態に適用される原価計算が、総合原価計算です。一方で、先ほど見たオーダーメイドに適用される原価計算は、個別原価計算と呼ばれます。

個別原価計算では、完成したときに原価を集計しましたが、総合原価計算では同じ製品を作り続けるため、原価を集計する期間を区切って計算することがポイントとなります。基本的には1か月で区切って行います。

まず、総合原価計算では、原価を原材料費と加工費に分けます。原材料費とは直接材料費のことを言い、加工費は直接材料費以外のことで、直接労務費と製造間接費の合計だとイメージすればよいでしょう。さて、原材料費と加工費は発生の性質が違っていますが、原材料は、普通最初に使い始めます。例えば、10個バッグを作るのであれば、それに必要な革を出して使い始めますよね。ところが加工費は、作業するにつれて徐々に発生していきます。例えば、切る、貼る、塗るなどの各作業の段階で原価が発生しているはずで、原材料のように最初に全て出して使うわけではありません。このように、発生のしかたが違っているため、2種類に分かれているのです。

⊙ **市場見込の大量生産に適用されるのが総合原価言計算、**
オーダーメイドに適用されるのが個別原価計算である。

総合原価計算と個別原価計算

● **生産形態によって原価の計算方法が違う**

総合原価計算…市場見込みの大量生産に適用される

個別原価計算…オーダーメイドに適用される

● **総合原価計算では原価を2つに分ける**

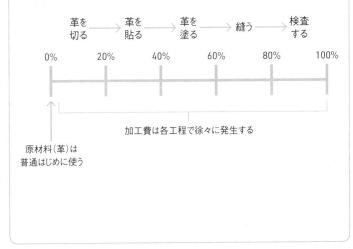

革製品を作る工程

| 革を
切る | → | 革を
貼る | → | 革を
塗る | → | 縫う | → | 検査
する |

0%　　20%　　40%　　60%　　80%　　100%

加工費は各工程で徐々に発生する

原材料(革)は
普通はじめに使う

大量生産する場合の原材料費を求めてみよう

A book to explain with figure

● 原材料費は、どのように計算するの？

「ストラップの大量生産を始めて2か月。4月は全然慣れなくて、かなりのストラップが作成中となってしまいましたが、5月は160個完成して、先月よりは作成中のものが少なくなりました！」

大量生産の場合の原価の計算のしかたですが、ここでは、まず原材料費をどのように計算するのか見てみましょう。

まず、先月は作成中のストラップがかなりあったとのことですが、30枚10,680円分の革を使っていたとします。そして、当月は150枚53,400円分の革を新たに使い始めたとします。結果、ストラップは160個完成していますが、完成品に使った革の枚数は160枚だったとします。すると、月末に作成中のストラップの革の枚数は20枚だということがわかりますね。

それでは、今月完成したストラップの原価はいくらだったのかを考えてみます。これも材料費と同じように先入先出法や平均法を使って計算しますが、今回は、先月も今月も使った革の価格は356円と同じになっています。そのため、先入先出法でも平均法でも同じ計算結果になります。

先月使った革：356円×30枚＝10,680円

今月使った革：356円×130枚＝46,280円

上記を足すと、原材料費の完成品原価は、合計56,960円となります。なお、月末作成中の7,120円は、仕掛品として会社の在庫にしておくことになります。

○原材料費は、材料費等の計算と同じように、先入先出法や平均法を使って計算する。

原材料費の計算方法

先月作成中だったストラップ

先月使った革

1枚356円×30枚
＝10,680円

→

今月完成したストラップ 160個

先月使った革

1枚356円×30枚
＝10,680円

今月使った革

1枚356円×130枚
＝46,280円

製造原価
＝
56,960円

今月作り始めたストラップ

今月使った革

1枚356円×150枚
＝53,400円

今月作成中のストラップ

今月使った革

1枚356円×20枚
＝7,120円

仕掛品
＝
7,120円

先月の革の単価と今月の革の単価は同じ。
なので、先入先出法でも平均法でも同じ結果になる

大量生産する場合の
加工費を求めてみよう

A book to explain with figure

●加工換算量とは？

　加工費は、直接労務費と製造間接費の合計でしたが、その中身は、もりピーさんの賃金、糸・ボンド、電気代など、オーダーメイドと変わりはありません。では、加工費をどのように完成品と仕掛品に分ければよいのでしょうか？　先ほどの原材料費は、生産のスタート時点で革を使いましたが、加工費は、切る作業や貼る作業など、作業のスタートから終わりまでの各工程で発生します。

　そのため、月末時点でどの程度作業が終わったのかを見積もることになりますが、これを加工進捗度と呼びます。例えば、右の図のように、切る作業が終わったら加工進捗度20%、貼る作業まで終わったら40%となります。

　そして、どの程度の作業が終わったのかを加工換算量で表します。例えば、先月は貼る作業まで終わっているとすると、進捗度は40%です。これを革の枚数で表すと、先月作成中のストラップの革の枚数は30枚のため、30枚×40%＝12枚とみなします。同じように、今月は、塗る作業まで終わっているとすると、進捗度は60%です。これを革の枚数で表すと、今月作成中のストラップの革の枚数は20枚のため、20枚×60%＝12枚とみなします。このように、革の枚数的に、12枚分の作業が終わったとみなすのです。

　※もちろん、製品としては全て完成していません。あくまで20枚のうち12枚だけ作り終わったものと「みなし」ているだけです。

○ どの程度作業が終わったのかを加工進捗度と言い、完成品に
みなすとどれだけなのか換算したものを加工換算量と言う。

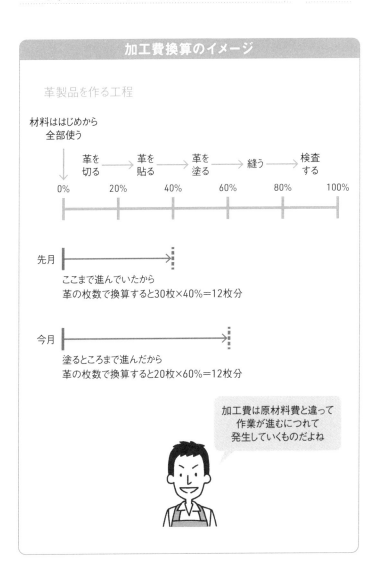

加工費換算のイメージ

革製品を作る工程

材料ははじめから
全部使う

革を切る → 革を貼る → 革を塗る → 縫う → 検査する

0%　　　20%　　　40%　　　60%　　　80%　　　100%

先月

ここまで進んでいたから
革の枚数で換算すると30枚×40%＝12枚分

今月

塗るところまで進んだから
革の枚数で換算すると20枚×60%＝12枚分

加工費は原材料費と違って
作業が進むにつれて
発生していくものだよね

加工費は、どのように計算するの？

　このように、月初と月末の加工換算量を求めることができれば、今月の投入量がわかります。完成品160枚＋月末12枚-月初12枚で160枚が投入量となります。原材料費では革の投入枚数は150枚でしたが、加工費では加工換算量で計算しているため、160枚使っていると「みなしている」ことがわかりますね。

　あとは原材料費と同じように、先入先出法や平均法を使って、加工費にかかる完成品原価を計算するだけとなります。その結果が、右の図になります。

　なお、今回は、先月も今月も加工費の単価は1,500円と同じになっています。そのため、先入先出法でも平均法でも同じ計算結果になります。

　　　　先月消費した加工費：1,500円×12枚＝18,000円
　　　　今月消費した加工費：1,500円×148枚＝222,000円

　上記を足すと、加工費の完成品原価は、合計240,000円となります。

　なお、月末作成中の18,000円は、仕掛品として会社の在庫にしておくことになります。

先月作成中だったストラップ

先月使った加工費

30枚 × 40% ＝ 12枚
18,000円

（単価　1,500円）

今月完成したストラップ160個

先月使った加工費

12枚　18,000円

今月作り始めたストラップ

先月使った加工費

160枚　240,000円
（単価　1,500円）

160枚 ＋ 12枚 － 12枚
完成品　　月末　　　月初

今月使った加工費
148枚
1枚 1,500円 × 148枚
＝222,000円

製造原価
＝
240,000円

今月作成中のストラップ

今月使った加工費
20枚 × 60%＝12枚
1枚 1,500円 × 12枚
＝18,000円

仕掛品
＝
18,000円

大量生産する場合の原価を求めてみよう

A book to explain with figure

● 総合原価計算

　それでは、大量生産することによって、一体ストラップの原価はいくらだったのかを、原価計算表を使って見てみましょう。

　先ほどの個別原価計算のところで見た原価計算表と似ていますが、総合原価計算では、横の列が製造指図書のナンバーではなく原材料費と加工費になっています。そして、原材料費と加工費を足した合計欄が、ストラップの原価総額の情報となります。

　先月作成中だったストラップ28,680円分と、今月作り始めたストラップ293,400円を足した322,080円が今月の総製造費用です。322,080円から今月作成中のストラップ25,120円を差し引くと、296,960円になりますが、これが今月の完成品原価となります。

　そして、296,960円を160個で割ると、1個あたり1,856円でストラップが完成したことがわかります。

　「オーダーメイドと大量生産では、原価計算のやり方にこんな違いがあったんですね。さて、たくさん作ったはいいものの、これをちゃんと売らないとダメですよね！」

○ **完成品原価は、原材料費と加工費の原価を足して、作った個数で割って計算する。**

ストラップは1個いくらだったの?

総合原価計算表

	数量	原材料費 (円)	加工 換算量	加工費 (円)	合計 (円)
月初仕掛品	30枚	10,680	12枚	18,000	28,680
当月投入	150枚	53,400	160枚	240,000	293,400
合計	180枚	64,080	172枚	258,000	322,080
月末仕掛品	20枚	7,120	12枚	18,000	25,120
完成品	160枚	56,960	160枚	240,000	296,960

**ストラップは160個完成しているので
296,960円÷160個＝1個あたり1,856円の
原価だとわかる!**

Chapter 8

原価の目標値を
決めて、原価を
コントロールしよう
～標準原価計算～

これまでは、製品の原価を計算する方法を見てきましたが、
今の原価を下げるために目標を立てて、
きちんと管理することも重要です。
「目標は立てたものの、実際とかけ離れてしまった。
どうすればいいの？」本章では、このような疑問にも触れながら、
目標値を使って原価を管理する方法を考えていきます。

原価を下げるには、どうすればいいの？

A book to explain with figure

●標準原価計算とは？

「むむむ……。ストラップは順調だったんですが、また3種類に戻してみたところ革靴がイマイチいいのか悪いのかわからないんですよね。とにかく原価を下げてみようと思っています」

もりピーさんは革靴の原価を下げることを考えていますが、闇雲に下げようとしてもダメで、きちんと目標を立てて計画的に下げていく必要があります。まずは、革靴を1足作るのにかかった原価を確認しておきましょう。ここでは、わかりやすいようにChapter3で使った数値を現状の原価とします。

革靴1足あたりの原価は、それぞれ「1枚（1時間）あたりの単価」と「使った数（消費量）／作業時間」で計算されているのがわかります。

例えば、「直接材料費が7,120円かかっているから原価を120円下げなさい」と言われても、どのように下げればいいのかわかりません。しかし、直接材料費の内容は、「356円の革を20枚使った結果7,120円」となっているので、「356円を下げるには、もっと安い革を見つけてくるか」あるいは、「革を20枚使っているのを19枚に減らすか」というように考えることができます。

このように、単価や数量、作業時間に目標を設定して計算する方法を標準原価計算と言い、実際かかった原価を目標に近づけるために対策を取っていくといった原価管理が主な目的となります。

○ **目標を設定して計算する方法を標準原価計算という。**

○ **標準原価計算の主な目的は、原価管理である。**

現在の革靴1足あたりの原価を見てみると

	（実際の単価）	（実際の消費量）		
直接材料費	356円	× 20枚	=	7,120円

	（実際の賃率）	（実際の作業時間）		
直接労務費	1,200円	× 20時間	=	24,000円

	（実際の配賦率）	（実際の作業時間）		
製造間接費	400円	× 20時間	=	8,000円

革靴1足あたりの実際の製造原価	39,120円

直接材料費は7,120円
かかっているのか。
使う革の枚数を18枚くらいに
減らせないかな…

8 原価の目標値を決めて、原価をコントロールしよう

直接材料費の目標値を考えてみよう

A book to explain with figure

材料の単価に注目してみよう

まずは、革1枚あたりの単価356円に注目してみましょう。

「356円は、安売りで買ったものなので、現実的ではない気がしますが、革の品質を落とさずに、安価なお店を探そうと思います」

材料を使うときの単価を下げるには、材料を買う価格を安くしないといけないので、安くできるかどうかがポイントとなります。大きな組織では、材料の市場価格の情報を持っている購買部と連携して、価格を下げることができるのかを検討する必要があるかもしれません。

「業者と交渉したり、ほかの業者もあたってみたいと思います！とりあえず、1枚あたりの目標である標準単価は、500円に設定します！」

材料の消費量に注目してみよう

次は、革靴を1足作るのに使った革の枚数20枚に注目してみましょう。使う革の枚数は、内部の人だけで決めることができるため、価格よりもコントロールしやすいと思われます。例えば、無駄なく使えば1枚節約できるかもしれないし、余った切れ端で別の革製品を作ることができるかもしれません。

「確かに、今まではムダも多かったと思うので、1足18枚で作れるようにしたいと思います」

○ **単価の目標値よりも消費量の目標値のほうが内部の者だけ**
で決めることができるため、コントロールしやすい。

直接材料費の目標を決めよう

現在

（実際の単価）　（実際の消費量）
356円　×　20枚　＝　7,120円

目標も
356円で
OK?

20枚から
減らせるかな?

目標

（標準単価）　（標準消費量）
500円　×　18枚　＝　9,000円

356円は、安売りで買った
現実的ではない数値だから、
目標としては使えないね

革を無駄なく
キレイに使えば
2枚くらいは
減らせると思うな

8

原価の目標値を決めて、原価をコントロールしよう

直接労務費の目標値を
考えてみよう

A book to explain with figure

●労務費の賃率に注目してみよう

　まず、1時間あたりの賃率1,200円に注目してみましょう。賃率
は、もりピーさんの給料192,000円÷1か月の作業時間160時間
＝1,200円で計算していました。1か月の作業時間を変えられな
いとすると、賃率を減らすにはもりピーさんの給料を減らすしかあ
りません。

　「給料が減るのも残業も嫌です！　このままにしましょう」

　なお、ここでは1人分の給料で考えていますが、従業員が複数
名いる場合、1人ひとりの給料を上記の計算で行っていたらとても
大変です。そのため、革を切る人、縫う人など、同じ作業をしてい
る人の給料と作業時間をまとめて、1時間あたりの賃率を計算す
ることもあります。

●労務費の作業時間に注目してみよう

　次は、革靴を1足作るのにかかった作業時間20時間に注目し
てみましょう。作業時間は、1時間あたりの作業単価と違って努
力によって減らすことが可能です。ただ、減らした時間分、何もし
ないと賃率が上がってしまうため、さらに多く作ったり、別の作業
に充てる必要があります。作業工程の見直し、効率化や熟練度を
上げるなど生産性を考えることがポイントです。

　「確かに、まだまだ効率化できるところはありそうです。12.5時
間で作るのを目標にしましょう！」

○ **作業の効率化により余った時間をほかの作業に充てないと、賃率が上がってしまう。**

直接労務費の目標を決めよう

現在

（実際の賃率）　　（実際の作業時間）
1,200円　×　20時間　＝　24,000円

働く時間を
増やせば
下がるけど…

20時間から
減らせるかな？

目標

（標準賃率）　　（標準作業時間）
1,200円　×　12.5時間　＝　15,000円

給料は固定給なので
賃率を減らすには
作業時間を増やさないと
いけないのか……

働く時間を増やすんじゃなくて
もっと効率良く作るように
改善していこう！

固定給192,000円で、1か月＝160時間だから
賃率は、192,000円÷160時間＝1,200円だけど……

もし効率化して150時間にしても、余った10時間何もしなかったら
192,000円÷150時間＝1,280円で、賃率が上がってしまう。

製造間接費の目標値を考えてみよう①

A book to explain with figure

⊖ 機械を使う時間に注目してみよう

「製造間接費は機械を使った時間を基準にしていますが、今年は機械にもっと頑張ってもらいましょう‼」

製造間接費は、年間どのくらいの費用がかかるのかという予算面と、どのくらい使うのかという時間面を考える必要がありますが、ここでは時間面を見ていきましょう。

今、もりピーさんは製造間接費を機械を使った時間を基準に配賦していますが、1か月間の機械を使う目標時間を考えてみましょう。

例えば、革の切削機についてメンテナンスや従業員の残業を考慮しないで、理論上、最大限に使える時間が300時間だったとします。もし、この理論値を基準に目標を立ててしまうと、現実とかけ離れた目標になってしまいます。そのため、達成が可能な範囲での最大に使える時間を設定します。この例では、1か月240時間が達成可能な最大の時間だとします。すると、製造間接費の予算を60,000円としたならば、配賦率は60,000円÷240時間で250円になります（ここでは、わかりやすいように1か月単位で見積もっていますが、通常は年間の予算と年間の目標利用時間を見積もって、配賦率を計算します）。

革靴1足を作るのに使う機械の標準作業時間を20時間に設定した場合、250円×20時間で、5,000円が標準単価になります。

○ **機械を使う時間で目標を設定する場合、理論上ではなく達成可能な最大の時間を目標にする必要がある。**

もし機械を使った時間を基準にすると

理論上の機械の最大限の能力（フル稼働状態）

1日　12時間 × 25日 ＝ 300時間

しかし、現実的にはムリなので

達成可能な機械の目標利用時間

1日　12時間 × 20日 ＝ 240時間

標準配賦率 ＝ 60,000円 ÷ 240時間 ＝ 250円

目標

（標準配賦率）		（標準作業時間）		
250円	×	20時間	＝	5,000円

今、革靴を1足作るのに機械は20時間動かしているけど、これは変えられない

また今は機械を200時間しか動かしていないから
1か月　200時間 ÷ 20時間 ＝ 10個
しか作っていない

でも機械を動かす時間を240時間に増やしたら、1か月240時間 ÷ 20時間 ＝ 12個作れるはず

製造間接費の目標値を考えてみよう②

A book to explain with figure

● 製造間接費の予算に注目してみよう

今度は、製造間接費の予算面に注目してみましょう。先ほど予算は60,000円と見積もりましたが、もりピーさんに、それぞれの製造間接費が製品を作るほど増えていくものなのか、あるいは、製品を作っても作らなくても一定額発生するのかを回答してもらいました。

その結果が右の表で、間接材料費だけが、製品を作るほど増えていくものの、それ以外の間接労務費と間接経費は、毎月固定で発生するとのことです。

このように製造間接費には、製品を作るほど増えていくものと、毎月固定で発生するものがあり、前者を変動費、後者を固定費と呼んでいます。

今、変動費は5,400円予算として考えていますが、あくまで機械を240時間使った場合です。機械を230時間しか使わなかったら、5,400円÷240時間で22.5円となり、これに230時間をかけて5,175円になるはずですね。このように、変動費は作る量に応じて変わりますが、この22.5円を変動費率と言います。一方で、固定費はすべて足すと54,600円となり、これが予算として考えている金額ですが、こちらは何もしなくても固定で発生します。そのため、機械を100時間使おうが、240時間使おうが同じ金額が発生するため、最大限の240時間分使わないと、機械を有効に使えなかったことになります。なお、54,600円を240時間で割った227.5円を固定費率と呼んでいます。

○**製造間接費の予算は、変動費と固定費に分類される。**

製造間接費の中身に注目してみよう

現在

製造間接費 ――――――――――――― 60,000円

			回答
間接材料費	糸、ボンド、石けん	1,900円	変動する
	針、カッター、木槌	3,500円	変動する
間接労務費	事務作業	12,000円	固定
	法定福利費	20,000円	固定
間接経費	作業場の家賃	16,000円	固定
	電気代	5,480円	固定
	棚卸減耗費	1,120円	不明なので固定

● **標準配賦率250円も変動費と固定費に分けられる**

変動費率＝5,400円÷240時間＝22.5円
固定費率＝54,600円÷240時間＝227.5円

目標に届かなかったら、どうすればいいの？

A book to explain with figure

◉ 目標値と実績値に差が出てしまった！

目標値を決めて、1か月が経ちました。もりピーさんは今月、革靴だけを作成しているようですが、まずは、右上の表で目標値を確認しておきましょう。

なお、「標準単価」「標準消費量／作業時間」「標準原価」という言葉は「標準」を「目標とする」と置きかえて読めばわかりやすいです。

目標どおりにいけば、29,000円×10足＝290,000円で作れているはずですね。結果は、標準原価290,000円に対して実際原価342,900円と、52,900円オーバーしてしまいました。

◉ 差の出た要因分析が重要

「むむむ、52,900円オーバーですか……。なかなか厳しい結果ですが、次は頑張りますよ。さあ、来月の目標を立てましょう！」

もりピーさん、標準原価計算は、「目標を達成できたから良かった」「目標に届かなかったからダメだった」と一喜一憂するためのものではありません。目標と実績に差が出るのは当たり前なので、「なぜ、差が出てしまったのかを分析し、次に生かす」のが標準原価計算の目的です。

「そうでしたね……。それでは細かく分析してみたいと思います」

○ **目標値である標準原価と実績値である実際原価に差が出てしまった場合、その内容を調べて分析し、次に生かすことが重要。**

目標値と実績値を比べてみよう

● **革靴の目標値（標準原価）**

	（標準単価）	（標準消費量）		
直接材料費	500円	×	18枚	＝	9,000円

	（標準賃率）	（標準作業時間）		
直接労務費	1,200円	×	12.5時間	＝	15,000円

	（標準配賦率）	（標準作業時間）		
製造間接費	250円	×	20時間	＝	5,000円

革靴1足あたりの標準製造原価　　　　29,000円

→29,000円×10足＝290,000円で作るのが目標だね

● **革靴の実績値（10個完成）**

	（実際の単価）	（実際の消費量）		
直接材料費	510円	×	190枚	＝	96,900円

	（実際の賃率）	（実際の作業時間）		
直接労務費	1,200円	×	150時間	＝	180,000円

		（実際の作業時間）	
製造間接費		220時間	66,000円

実際の発生額　　　　　　　　　342,900円

標準原価29,000円で10足作るのならば、
290,000円で作れるはず

⬇ でも、実際原価は342,900円
だったので…

290,000円－342,900円＝△52,900円　オーバー

直接材料費が目標に
届かなかった原因は?

A book to explain with figure

● 直接材料費の目標値と実績値の差はどうだった!

　直接材料費の目標値と実績値を比べてみましょう。10足作る場合、目標である標準材料費は90,000円ですが、実際の材料費は96,900円と6,900円目標をオーバーしています。この△6,900円が直接材料費の差異です。マイナス（△）は、目標に届かなかったことを意味し、不利差異と呼ばれます（反対に、目標より良かった場合は、有利差異と呼びます）。それでは、単価と消費量に分けて詳しく差を見てみましょう。

● 1枚あたりの単価と消費量、それぞれに注目してみると

　革1枚あたりの標準単価は、500円でしたが、実際の単価は510円だったため、10円高かったことになります。目標に届かなかった原因は何だったのでしょう?

　「業者に値引きを断られ、価格を下げられませんでした」

　また、目標の標準消費量は、1足あたり18枚で、10足の場合は180枚となりますが、実際は190枚使ったため、10枚多く使ったことになります。目標に届かなかった原因は何だったのでしょうか?

　「はじめは試行錯誤して、なかなか効率的に革を使えなかったことが原因です」

　このように、差異が出た原因を調べて改善につなげることが重要なので、差異の金額を出して終わらないようにすることが大切です。

○ **直接材料費差異**は、1枚あたりの単価と使った数量に分けて、それぞれ**目標値と実績値の差異分析**を行う。

材料費の目標値と実績値を比べてみると

● **1足あたりの標準材料費**

（標準単価）		（標準消費量）		
500円	×	18枚	=	9,000円

● **10足だと……**

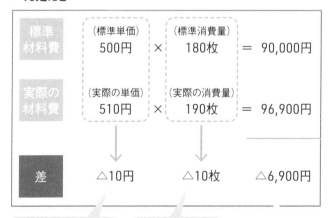

	（標準単価）		（標準消費量）	
標準材料費	500円	×	180枚	= 90,000円
実際の材料費	（実際の単価）510円	×	（実際の消費量）190枚	= 96,900円
差	△10円		△10枚	△6,900円

業者が値引きに応じてくれなくて……

なかなか革を効率的に使えなくて……

この原因は？

直接材料費差異の計算

　それでは、直接材料費差異△6,900円の金額を単価と数量に分けて計算してみましょう。直接材料費差異は、1枚あたりの単価の目標と実績の差異である価格差異と使った数（消費量）の目標と実績の差異である数量差異に分かれます。

　まず、価格差異は、1枚あたりの革の価格が目標500円に対して実績510円なので、500円−510円＝△10円の差が出ています。この差に、実際に使った革の枚数190枚を掛ければ、△1,900円になります。マイナス（△）なので、不利差異だということがわかりますね。

　次に、数量差異は、使った革の量が目標180枚に対して実績190枚なので、180枚−190枚＝△10枚の差が出ています。この差に、目標とした価格500円を掛ければ、△5,000円になります。価格差異と同じくマイナス（△）なので、こちらも不利差異となります。

　「こうしてみると、革の消費量のほうが、金額としては影響が大きかったんですね。次回こそは、もっと革を効率的に使います……」

直接材料費差異を計算すると

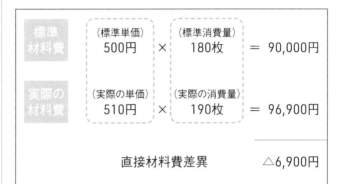

| 標準材料費 | (標準単価) 500円 | × | (標準消費量) 180枚 | = 90,000円 |
| 実際の材料費 | (実際の単価) 510円 | × | (実際の消費量) 190枚 | = 96,900円 |

直接材料費差異　　　△6,900円

価格差異

(500円－510円)×190枚 = △1,900円

※1枚あたりの革の価格が10円高かったことによって、目標に届かなかった。

数量差異

(180枚－190枚)×500円 = △5,000円

※使った革の量が10枚多かったことによって、目標に届かなかった。

直接労務費が目標に届かなかった原因は？

● 直接労務費の目標値と実績値の差はどうだった？

　直接労務費の目標値と実績値を比べてみましょう。10足作る場合、目標である標準労務費は150,000円ですが、実際の労務費は180,000円と、30,000円目標をオーバーしています。この△30,000円が直接労務費の差異で、直接材料費と同じく不利差異です。それでは、賃率と作業時間に分けて、より詳しく差を見てみましょう。

● 賃率と作業時間、それぞれに注目してみると

　標準賃率は、1,200円でしたが、実際の賃率も1,200円でした。これは、固定給192,000円で160時間の作業をしたということですね。

　また、目標の標準作業時間は、1足あたり12.5時間で、10足の場合は、125時間となりますが、実績値は150時間だったため、25時間多く時間がかかったことになります。目標に届かなかった原因は何だったのでしょうか？

　「革の使う量を減らすことに試行錯誤していたので、作業時間を減らせなかったのが原因だと思います」

○ **直接労務費差異は、賃率と作業時間に分けて、それぞれ目標値と実績の差異分析を行う。**

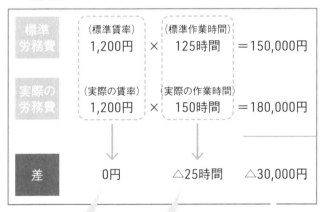

直接労務費の目標値と実績値を比べてみると

●1足あたりの標準労務費

（標準賃率）　（標準作業時間）
1,200円　×　12.5時間　＝　　15,000円

●10足だと……

	（標準賃率）	（標準作業時間）	
標準労務費	1,200円	× 125時間	＝150,000円
	（実際の賃率）	（実際の作業時間）	
実際の労務費	1,200円	× 150時間	＝180,000円
差	0円	△25時間	△30,000円

固定給で月の
労働時間も変えて
いないから
そのままだね

1足作るのに時間を
かけ過ぎて
しまったかも……

この原因は?

直接労務費差異の計算

　それでは、直接労務費差異△30,000円の金額を単価と作業時間に分けて計算してみましょう。

　直接労務費差異は、賃率の目標と実績の差異である賃率差異と作業した時間の目標と実績の差異である時間差異に分かれます。

　まず、賃率差異は、賃率が目標1,200円に対して実績も1,200円なので、1,200円−1,200円＝0円と差は出ていませんが、差が出た場合は、その差に実際に作業した時間150時間を掛ければ賃率差異が求められます。今回は0なので、差異は無かったということになります。

　次に、時間差異は、作業時間が目標125時間に対して実績150時間なので、125時間−150時間＝△25時間の差が出ています。この差に、目標とした賃率1,200円を掛ければ、△30,000円になります。マイナス（△）なので、不利差異となります。

「やっぱり労務費って金額が大きいですね……。もっと作業を効率化しないとダメですね！」

標準労務費	（標準賃率） 1,200円	×	（標準作業時間） 125時間	＝ 150,000円
実際の労務費	（実際の賃率） 1,200円	×	（実際の作業時間） 150時間	＝ 180,000円

直接労務費差異 　△30,000円

賃率差異

（1,200円－1,200円）×150時間 ＝ 0円

※賃率は同じだったため、差異はなし。

時間差異

（125時間－150時間）×1,200円 ＝ △30,000円

※作業した時間が25時間多かったことによって、目標に届かなかった。

製造間接費が目標に
届かなかった原因は？

A book to explain with figure

⬤製造間接費の目標値と実績値の差はどうだった？

製造間接費の目標値と実績値を比べてみましょう。10足作る場合、目標値である標準製造間接費は50,000円ですが、実際の製造間接費は60,600円と△10,600円目標をオーバーしています。

⬤機械を使った時間と生産能力に注目してみると

まずは、機械を使った時間について考えてみましょう。

今回は革靴が10足完成していますが、もし、目標どおりに作るのであれば、1足20時間×10個で、200時間に収まるはずでした。しかし、実際は210時間機械を使っているため、10時間目標に届いていないことになります。

次に、生産能力面を見てみましょう。1か月間の達成可能な最大の利用時間は240時間でした。しかし、結果を見てみると機械の利用は210時間にとどまってしまいました。240時間使う能力があるのに210時間しか使っておらず、30時間分は機械の能力を使い切れなかったことを意味しています。固定費は210時間作業しても、240時間作業しても、54,600円かかっていましたね。つまり、実際に機械を使った時間と最大限の利用時間の差が大きくなればなるほど、機械を有効に使えなかったと言えますね。

「最大限に使えなかったのは、手作業に苦戦して想定した個数作れなかったから、その分機械も動かさなかったせいですね……」

○製造間接費の差異は、予算、機械を使った時間、生産能力
の3つの側面から分析を行う。

機械の生産能力に注目してみよう

●1足あたりの標準製造間接費

（標準配賦率）　（標準作業時間）
250円　×　20時間　＝　　5,000円

●10足だと……

標準	（標準配賦率） 250円	×（標準作業時間） 200時間	＝ 50,000円
実際		（実際の作業時間） 210時間	60,600円
差		↓ △10時間	△10,600円

目標に
10時間届かず

この原因は？

●機械の作業時間の差は？

240時間
210時間
200時間

10足で あるべき 利用時間	10足で 実際に 利用した時間	最大限の 利用時間

メンテナンスに
時間がかかって
しまった

12個作れるはず
だったけど、手作業に苦戦し、
10個しか作れなかった

予算に注目してみると

最後に、予算面を見てみましょう。革靴の製造間接費の予算はいくらだと思いますか?

「ああ、以前私に質問した60,000円のことですね」

残念ながらその予算ではありません。60,000円の予算は、240時間フルで機械を使ったときの予算です。今月の革靴の作業時間は210時間だったので、変動費の予算として使ってよい目標金額は、変動費率22.5円×210時間＝4,725円となります。

一方、固定費の予算として使ってよい目標金額は、機械を使った・使わないに関わらず発生する54,600円になります。

この2つを足すと59,325円ですが、こちらが210時間での予算許容額ということになります。実際は60,600円かかっているため、1,275円予算オーバーしたことになります。

「そういえば、誤ってボンドを大量にこぼしてしまったんでした……。余計なお金は使うし、作業部屋はべたつくし、大変でしたよ!」

製造間接費	実際の210時間 での予算	最大限240時間 での予算
変動費	@22.5円×210時間	@22.5円×240時間
固定費	54,600円	54,600円

予算許容額
59,325円 月間予算
60,000円

 差　△1,275円

実際
60,600円

誤って大量のボンドを
使ってしまったのが
ココに響いてしまったのか……

製造間接費差異の計算

それでは、製造間接費差異の金額を計算してみましょう。

製造間接費差異は、予算許容額と実績の差異である予算差異と、機械を使った時間の目標と実績の差異である能率差異と、機械を使った時間の実績と機械の最大限の利用時間の差異である操業度差異に分かれます。なお、能率差異は、変動費と固定費を分けて、変動費能率差異と固定費能率差異に分けることもあります。

まず、予算差異は、予算許容額は59,325円に対して、実績は60,600円なので、59,325円－60,600円＝△1,275円になります。マイナス（△）なので、不利差異ですね。

次に、能率差異は、まず機械を使った時間が目標200時間に対して実績210時間なので、200時間－210時間＝△10時間の差が出ています。この差に、配賦率250円を掛ければ、△2,500円の能率差異になります（不利差異）。なお、配賦率を変動費の配賦率22.5円、固定費の配賦率227.5円に分けて計算すると、変動費能率差異が△225円、固定費能率差異が△2,275円になります。

最後に、操業度差異は、まず機械を使った時間が210時間に対して、最大限の利用時間が240時間なので、210時間－240時間＝△30時間の差が出ています。この差に、固定費の配賦率227.5円を掛ければ、△6,825円の操業度差異となります（不利差異）。

製造間接費差異を計算すると

標準製造間接費	(標準配賦率)		(標準作業時間)		
	250円	×	200時間	=	50,000円
変動費	22.5円	×	200時間	=	4,500円
固定費	227.5円	×	200時間	=	45,500円

実際の製造間接費		(実際の作業時間)	
		210時間	60,600円
	製造間接費差異		△10,600円

予算差異

予算許容額:22.5円×210時間＋54,600円＝59,325円
予算差異:59,325円－60,600円＝△1,275円
※目標10個のときの予算は59,325円だったが、実際は60,600円かかってしまった。

能率差異

(200時間－210時間)×250円＝△2,500円
変動費能率差異:(200時間－210時間)×22.5円＝△225円
固定費能率差異:(200時間－210時間)×227.5円＝△2,275円
※目標10個のときの機械の作業時間は200時間が目標だが、210時間使ってしまったことによって、目標に届かなかった。

操業度差異

(210時間－240時間)×227.5円＝△6,825円
※機械は、最大では240時間使えるのに210時間しか使わなかった。
固定費は54,600円発生するので、30時間分の金額は使い切れなかったと考える。

Chapter 9

利益の目標値を
決めて、利益を
コントロールしよう

～直接原価計算～

Chapter8で原価を管理する方法を見ましたが、会社は、
売上から利益まできちんと管理する必要があります。
「最低限、会社が稼がなければいけない利益はいくらなのか？」
「会社が目標とする利益を上げるためには、
どのくらいの売上が必要なのか？」
本章では、このような疑問について考えていきます。

効率的に稼いでいるのかを知るためにはどうするの？

A book to explain with figure

●売上総利益率と営業利益率

目標値である標準原価を設定して、数か月経ちました。もりピーさんの事業は上手くいっているのでしょうか？

「革靴を目標どおりに作れるようになってきて、ここ数か月は革靴だけを作っている状況です。今月は12足作って8足売れたので4足が在庫として残っています。営業利益も39,650円と良かったですよ！」

数か月経って目標どおりに革靴を作れるにようになったもりピーさん。革靴1足あたり29,000円と標準原価どおりに作っています。今月は8足売れたとのことでしたが、右の損益計算書を見ると、営業利益が39,650円、営業利益率が約9.9％出ていることがわかります。

なお、ここで利益率という言葉を見ておきましょう。まず、売上総利益率（粗利率）は、製品の魅力でどのくらい効率的に稼げたのかを表しています。売上高に占める売上総利益の割合（売上総利益÷売上高）で計算します。ここでは売上総利益率は42％となっています。

次に、営業利益率は、本業でどのくらい効率的に稼げたのかを表しています。売上高に占める営業利益の割合（営業利益÷売上高）で計算します。ここでは、営業利益率は約9.9％となっています。売上高や利益の大きさが違う会社を比較する場合、金額だと単純に比べられないので、利益率を使って比較します。

◎ 売上総利益率は、製品の魅力で効率的に稼げたのかを表す。

◎ 営業利益率は、本業で効率的に稼げたのかを表す。

売上総利益率と営業利益率を見てみよう

● 革靴1足をいくらで作ったのかと言うと

	（実際の単価）		（実際の消費量／作業時間）		
直接材料費	500円	×	18枚	=	9,000円
直接労務費	1,200円	×	12.5時間	=	15,000円
製造間接費	250円	×	20時間	=	5,000円
			革靴1足あたりの製造原価		29,000円

目標どおり
作れるように
なった!

● 損益計算書で営業利益を確認してみると

売上高	50,000円	×	8個	=	400,000円
売上原価	29,000円	×	8個	=	232,000円
売上総利益	21,000円	×	8個	=	168,000円

（売上総利益率） 168,000 ÷ 400,000 × 100% = 42%

販売費及び一般管理費	128,350円
営業利益	39,650円

（営業利益率） 39,650 ÷ 400,000 × 100% ≒ 9.9%

9
利益の目標値を決めて、利益をコントロールしよう

変動費と固定費って、どんなもの?

A book to explain with figure

●固定給は、すべて売上原価に入っていない?

「ただ、そんなにもうかっている気がしないんですよ……。むしろ、会社のお金は減っているような気が……。目標どおりなのに原因がわかりません!」

せっかく、革の枚数や作業時間を減らしたのに、お金が無くなってしまっては意味がありません。まず、売上原価を見て、「あれっ?」と思うところはありませんか?

「そういえば、売上原価は232,000円ですが、私の給料192,000円もこの中に入っていますよね?　これを差し引くと売上原価が40,000円になるので、売上原価が間違っているってオチですか?」

良いところに気がつきました!　が、売上原価は間違ってはいません。もりピーさんの給料は固定給だったので、たくさん作っても作らなくても192,000円でした。一方、売上原価は売った分の費用だけが売上原価になるので、もりピーさんの給料も、売った分だけが売上原価になります。ここでは128,000円(192,000円÷12足×8足)だけが売上原価となって、残りの64,000円は在庫に含まれています。つまり、毎月固定で発生する費用が、売上原価、在庫の金額に影響を与えていると言えそうです。

○ 製造原価も製造間接費と同じように、変動費と固定費に分類する。

固定給を例に売上原価と在庫を考えてみよう

● 売上原価232,000円の中に、給料はいくら含まれている?

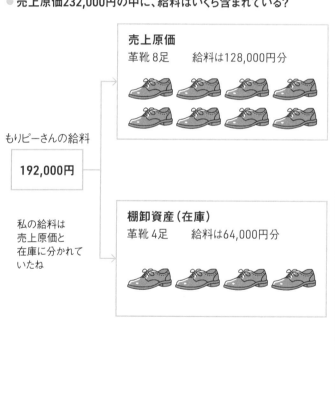

もりピーさんの給料

192,000円

私の給料は
売上原価と
在庫に分かれて
いたね

売上原価
革靴 8足　　給料は128,000円分

棚卸資産 (在庫)
革靴 4足　　給料は64,000円分

● 費用を変動費と固定費に分けてみよう

それでは、まずは、製造原価の中身を眺めてみて、製品を作るほど増えていく変動費なのか、毎月固定で発生する固定費なのかを分けておきましょう。

その結果が右の表で、8-5の表と似ていますね。8-5の表は製造間接費を変動費と固定費に分けて、目標値と実績値の分析に役立てましたが、今度は、それに直接材料費と直接労務費を加えて、製造原価全体を変動費と固定費に分けています。

直接材料費である革は、製品を作るほど増えていくものなので変動費、直接労務費であるもりピーさんの賃金は、毎月固定で発生するものなので固定費として分類しました。製造間接費は、8-5と同じ考え方で、間接材料費だけが、製品を作るほど増えていくもの、それ以外の間接労務費と間接経費は、毎月固定で発生するとして、それぞれ変動費と固定費に分類しました。

実務上、電気代のように基本料金が固定費で、電気を使った使用料は変動費といった内容もありますが、毎月大体同じくらい発生するのであれば、固定費として扱うこともあります。そのため、変動費と固定費は、費用の性質や重要性などを考慮し、一定の基準を設けて分類するものになります。

製造原価

直接材料費――革	108,000円	変動費
直接労務費――賃金	180,000円	固定費
製造間接費――――――――60,000円		

間接材料費	糸、ボンド、石けん	1,900円	変動費
	針、カッター、木槌	3,500円	変動費
間接労務費	事務作業	12,000円	固定費
	法定福利費	20,000円	固定費
間接経費	作業場の家賃	16,000円	固定費
	電気代	5,480円	固定費
	棚卸減耗費	1,120円	固定費

※1足9,000円×12足＝108,000円

利益を管理するには、どうすればいいの？

A book to explain with figure

● 原価を変動費と固定費に分ける

　ここでは、製造原価を変動費と固定費に分けて、売上総利益までを出してみます。

　まず、革靴1足を作るためにかかった変動費は、直接材料費9,000円＋間接材料費450円＝9,450円となります。

　もし、革靴を2足作ったら、9,450円×2足＝18,900円というように、作った量に比例して増えていきます。一方、固定費は、革靴を1足作ろうが2足作ろうが、必ず直接労務費は180,000円、製造間接費は固定費の部分54,600円が費用として発生します。なお、直接労務費が180,000円となっているのは、事務作業分の賃金12,000円は製造間接費に含めているからでしたね。

　それでは、上記を考慮して作った右の下にある損益計算書を見てみましょう。9-1の損益計算書と比べると、なんと、売上総利益がガクンと下がってしまいました。変動費と固定費を分けないで計算した場合、売上総利益は168,000円でしたが、89,800円まで下がっています。これは、固定費の金額を全額、損益計算書の中に入れているからです。このように、変動費だけを原価として、固定費は全額費用として計算する原価計算の方法を直接原価計算と呼びます。一方で、先ほど行った変動費も固定費も原価に入れて計算する原価計算の方法を全部原価計算と呼びます。

○ **直接原価計算は、変動費のみを原価に入れる。**

○ **全部原価計算は、変動費も固定費も原価に入れる。**

全部原価計算と直接原価計算のイメージ

● **1足あたりの変動費**

直接材料費	9,000円
間接材料費	450円※
変動費	9,450円

※糸、ボンド、石けん 1,900円 ＋ 針、カッター、木槌 3,500円 ＝ 5,400円
　5,400円÷12足＝450円

● **変動費と固定費を分けて、売上総利益を計算すると**

売上高	50,000円	×	8足	=	400,000円
変動費	9,450円	×	8足	=	75,600円
変動利益	40,550円	×	8足	=	324,400円
固定費					234,600円※
売上総利益					89,800円

※直接労務費 180,000円 ＋ 製造間接費 54,600円（全体の製造間接費
　60,000円 － 間接材料費 5,400円）＝ 234,600円

固定費の扱いを
考えてみよう

● 直接原価計算と全部原価計算の違い

直接原価計算と全部原価計算は、固定費の扱い方が違っています。

ここでは、固定費だけにスポットを当てて、原価を見てみましょう。まず、今月は革靴を12足作って完成させました。

全部原価計算では、固定費（直接労務費＋製造間接経費）234,600円が製造原価となり、1足あたり234,600円÷12足＝19,550円です。革靴は8足売れたので、売上原価は156,400円、売れ残った4足は、在庫78,200円となります。つまり、損益計算書の売上原価は156,400円になることがわかります。

一方、直接原価計算では、固定費234,600円は製造原価に入れず、全額を今月の費用としました。つまり、損益計算書の費用は234,600円になることがわかります。

なお、損益計算書上、売上原価や固定費など呼び名は違っていますが、両方とも利益を減らす費用だと思ってください。

「……ということは、全部原価計算のほうが費用が小さいから、利益は増えるってことですね！」

◎**直接原価計算と全部原価計算の違いは、固定費の扱い方に ある。**

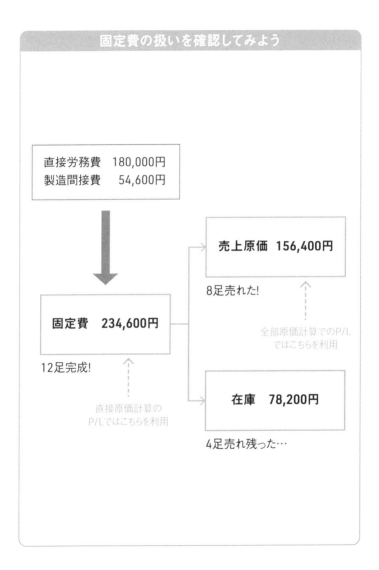

固定費の扱いを確認してみよう

直接労務費　180,000円
製造間接費　 54,600円

↓

固定費　234,600円

12足完成!

直接原価計算の
P/Lではこちらを利用

売上原価　156,400円

8足売れた!

全部原価計算でのP/L
ではこちらを利用

在庫　78,200円

4足売れ残った…

固定費を全額費用にしたら
外部に報告できないの？

A book to explain with figure

直接原価計算は内部管理用のもの

「直接原価計算のほうが、利益を管理するためには現実的な感覚と合っているので、今後はこちらで損益計算書を作ります！」

残念ながら、直接原価計算で財務諸表を作って外部に報告することは認められていません。つまり、財務諸表上は、全部原価計算で行わないとダメということになります。

「なぜ、ダメなんでしょう？　全部原価計算だと計算したような利益は出ていない感覚なんですよ！」

確かに、もりピーさんの言うように、直接原価計算で計算したほうが、会社の利益感覚としては合っていると思われます。しかし、問題となるのは、変動費と固定費にどうやって分けるのかという点です。もりピーさんの場合、材料費を変動費、それ以外は固定費として考えましたが、ほかの会社の人は、違う分類にするかもしれません。変動費と固定費に分ける明確なルールは無いため、同じ内容でも会社によって変動費と固定費の分類が異なる可能性があり、利益も違ってきてしまいます。

一方、全部原価計算では変動費も固定費も原価に含めるため、恣意性が入ることが少ないというメリットがあります。そのため、財務諸表は全部原価計算で作ることになっています。ただ、会社内部で利益の管理をするには、直接原価計算が役に立つので、外部への報告用には全部原価計算、内部への報告用には直接原価計算と使い分けています。

○ **直接原価計算は、財務諸表作成には使えない。**

○ **直接原価計算は、会社内の管理用として利用する。**

変動費と固定費の分類は会社によって違う

製造原価			もりピーさんの判断	他社の判断
直接材料費——革		108,000円	変動費	変動費
直接労務費——賃金		180,000円	固定費	固定費
製造間接費————————		60,000円		

毎年同じくらいだから固定費にしてしまおう

			もりピーさんの判断	他社の判断
─間接材料費 ┬	糸、ボンド、石けん	1,900円	変動費	固定費
	└ 針、カッター、木槌	3,500円	変動費	固定費
─間接労務費 ┬	事務作業	12,000円	固定費	固定費
	└ 法定福利費	20,000円	固定費	固定費
─間接経費 ┬	作業場の家賃	16,000円	固定費	固定費
	├ 電気代	5,480円	固定費	固定費
	└ 棚卸減耗費	1,120円	固定費	固定費

会社によって、変動費と固定費の
分類は違う可能性があるので
直接原価計算では財務諸表を作ってはいけない

固定費は、どうやって 管理すればいいの?

A book to explain with figure

固定費は、稼ぐ必要のある最低金額

「固定費は、簡単に減らすことはできませんが、毎月発生してしまいます。どうやって管理すればよいのでしょう?」

固定費の特徴について考えてみましょう。

例えば、電気代を例にとってみます。A社は、基本料金5,000円＋従量制だとします。すると、電気をまったく使わなくても5,000円は必ず支払わなければいけません。一方B社は、基本料金0ですが、従量制の単価が高いという特徴があったとします。どちらにするのかは、会社の電気の利用量に応じて決定しますが、A社を選択すると固定費5,000円は、毎月必ず出て行くお金です。決まっている金額のため節約も難しく、最低5,000円は稼がないと支払いができなくなってしまいます。一方、B社では電気を使わなければ0円なので、稼ぎも0円でよいことになります。つまり固定費は、会社が稼ぐ必要のある最低金額を示していると言えます。

それでは、固定費はどう管理すべきでしょうか?「あまり使っていないのに、年間利用料が高い」「長年使っているから、契約の切り替えも気にしたことが無い」などの固定費が、実は会社に存在しているかもしれません。固定費が増えるほど、稼がなければいけない金額も大きくなるため、固定費はできるだけ少なくするべきと言えます。そのため、毎年一度は、固定費の内容を調べて削減の可能性を検討するのが理想的です。

○ **固定費は、会社が稼がなければいけない最低金額を表す。**

○ **固定費は、毎年削減できないか検討するのが理想。**

固定費は最低限稼がないといけない金額

	A社	B社
基本料金	5,000円	0円
電力量料金	1kWh 20円	1kWh 26円

必ず5,000円
支払わないと
いけない

電気を
使わなければ
0円

最低5,000円の
稼ぎは必要!

使わなければ
稼ぎがなくてもよい

9

利益の目標値を決めて、利益をコントロールしよう

営業利益まで管理するには、どうすればいいの?

A book to explain with figure

● 全部原価計算ベースの営業利益

「ところで、今までは原価しか見ていませんが、販管費は見なくてもいいのですか？　私としては、売上総利益よりも営業利益で管理したいのですが……」

今までは、原価だけを見てきましたが、会社としては営業利益も重要でした。つまり、販管費もしっかり管理する必要があるため、もりピーさんの疑問ももっともです。まずは、全部原価計算ベースで営業利益まで見てみましょう。

「改めて見ると、革靴を1足50,000円で売っていますが、売上原価は1足29,000円と目標どおりですね。販管費は128,350円で、結果、営業利益が39,650円。職人である一方、私の経営手腕もさすがと言えますね（自画自賛）」

ここで、販管費の内訳を見てみると、このあとの直接原価計算で分類が必要となってくる便宜上、変動する部分と固定の部分に分けていますが、全部原価計算では特に分類する必要は無いので、ご注意ください。

○ 固定費を支払うためには、それを上回る限界利益を稼ぐ必要がある。

全部原価計算ベースの損益計算書を見てみよう

損益計算書（全部原価計算ベース）

売上高	50,000円 × 8 足 =	400,000円
売上原価	29,000円 × 8 足 =	232,000円
売上総利益	21,000円 × 8 足 =	168,000円
販売費及び一般管理費		128,350円※
営業利益		39,650円

※販売費及び一般管理費の内訳

変動販売費		16,000円
広告宣伝費	1500円 × 8 足 =	12,000円
運送費	500円 × 8 足 =	4,000円
固定販売費		112,350円
リース料		82,350円
顧問料		30,000円
合計		128,350円

直接原価計算ベースの営業利益

さて、もりピーさん。次は、直接原価計算ベースで営業利益まで見てみましょう。

「えっと……さっきとは打って変わって、営業利益が赤字になっているじゃないですか!?　どうして……」

販管費も含めた直接原価計算ベースの損益計算書を作ってみると赤字に転落してしまいました。見慣れない言葉があるため、確認しながら損益計算書を見てみましょう。

まず、変動製造マージンですが、売上高から変動売上原価を引いたもので、売上総利益に該当するものですが、固定費は含まれないのがポイントです。次に、変動販売費ですが、売上高に比例して増減する販管費です。例えば、売上高が増えれば、その分広告費や運送費は増えていきますよね。さらにその下の限界利益（貢献利益）はとても重要です。売上高から変動費を引いたもので、売上高に比例して増減する利益です。

最後に固定費ですが、原価だけではなく、固定販売費が加わっています。固定販売費は、毎月一定額発生する販管費ですが、営業員や営業事務員などの給料やオフィス（工場や作業場ではない）の家賃などが代表的です。今、固定費は、346,950円も発生しています。この金額は、毎月発生するので、毎月最低346,950円以上の限界利益を稼がないと、お金は出ていくばかりということを意味しています。

「今月利益は出ているのに、手元のお金が減った感覚に陥ってしまったのは、この固定費が原因だったのですね……」

損益計算書（直接原価計算ベース）

売上高	50,000円 × 8足 =	400,000円
変動売上原価	9,450円 × 8足 =	75,600円
変動製造マージン	40,550円 × 8足 =	324,400円
変動販売費	2,000円 × 8足 =	16,000円
限界利益	38,550円 × 8足 =	308,400円
固定製造原価		234,600円
固定販売費		112,350円
営業損失 ※		△38,550円

利益 308,400円だと
固定費は支払うこと
ができない!

固定費は
346,950円も
発生!

※ 赤字の場合は、営業損失と言います。

外部報告用の営業利益に直してみよう

A book to explain with figure

全部原価計算に直すための固定費調整

「内部管理用としては、毎月直接原価計算ベースの営業利益で見たい。でも、財務諸表用に全部原価計算ベースでの営業利益も知っておきたい……」。どうすればいいのか、もりピーさんにとって大きな悩みです。

今回は、直接原価計算ベースの営業利益を全部原価計算ベースに直す方法を見ていきます。まず、直接原価計算の損益計算書を改めて記載しておきます。単価や数量を省略していますが、先ほどと同じものになります。

直接原価計算では、固定費のうち原価にかかる固定製造原価234,600円全額が損益計算書の費用になっていました。一方、全部原価計算では、固定製造原価234,600円のうち、78,200円が在庫になるため、売上原価は156,400円と少なくなっています。つまり、月末の在庫分だけ利益が増えたということになりますね。

それを表した表が、右の固定費調整の表です。直接原価計算の営業損失△38,550円に月末の在庫に含まれる固定製造原価78,200円を足せば、全部原価計算ベースの営業利益になります。もし、月初に在庫があった場合は、その分の固定製造原価を引くことになります。

○ **全部原価計算の営業利益に直すには、直接原価計算の営業利益
に、月末・月初の固定費を足し引きすることで求められる。**

全部原価計算ベースの営業利益に直すには?

損益計算書(直接原価計算ベース)

売上高	400,000円
変動売上原価	75,600円
変動製造マージン	324,400円
変動販売費	16,000円
限界利益	308,400円
固定製造原価	234,600円
固定販売費	112,350円
営業損失	△38,550円

全部原価計算では
→ 売上原価　156,400円
→ 在庫　　　78,200円

●固定資産調整

直接原価計算による営業損失	△ 38,550円
期末製品・仕掛品に含まれる固定製造原価	(＋)78,200円
期首製品・仕掛品に含まれる固定製造原価	(－)　　0円
全部原価計算による営業利益	39,650円

どのくらい売れば損を
しないのか求めてみよう

A book to explain with figure

●損も得もしない売上高はいくら？

「しかし、この赤字はどうにかしないといけないですね。しっかりとした利益目標を立てたいのですが、一体何足売れば良いのかさっぱりわかりません」

何足以上売れば、赤字とならないのかが事前にわかっていれば、そのための対策を立てることができます。再度、直接原価計算ベースの損益計算書で考えてみます。

まず、固定費の総額は346,950円なので、最低限この金額の限界利益を稼げれば、営業利益は0円でトントンとなります。

では、限界利益のところに、数字を当てはめてみましょう。

限界利益 38,550円×？足＝固定費 346,950円

とても簡単な式ですね。346,950円÷38,550円で9足となります。「？」の部分に「9」を代入して計算してみましょう。限界利益は346,950円と固定費と同じ金額で、営業利益が0となっています。この損も得もしない営業利益ゼロの状態を損益分岐点と言い、そのときの売上高450,000円を損益分岐点売上高と言います。

つまり、もりピーさんは毎月450,000円（9足）以上売らないと赤字になってしまうということですね。

○損も得もしない営業利益ゼロの状態を損益分岐点と言い、
そのときの売上高を損益分岐点売上高と言う。

損も得もしない売上高を計算してみよう

損益計算書（直接原価計算ベース）

売上高	50,000円 × ?足 =	? 円
変動売上原価	9,450円 × ?足 =	? 円
変動製造マージン	40,550円 × ?足 =	? 円
変動販売費	2,000円 × ?足 =	? 円
限界利益	38,550円 × ?足 =	? 円
固定製造間接費	234,600円	⎤
固定販売費	112,350円	⎦ 346,950円
営業利益	0円	

⬇

売上高	50,000円 × 9足 =	450,000円
変動売上原価	9,450円 × 9足 =	85,050円
変動製造マージン	40,550円 × 9足 =	364,950円
変動販売費	2,000円 × 9足 =	18,000円
限界利益	38,550円 × 9足 =	346,950円
固定製造間接費	234,600円	⎤
固定販売費	112,350円	⎦ 346,950円
営業利益	0円	

9
利益の目標値を決めて、利益をコントロールしよう

どのくらい売れば
目標の利益に届く？

A book to explain with figure

● 目標の営業利益を達成するための売上高はいくら？

「損益分岐点はわかりましたけど、営業利益は500,000円くらい目指したいと思っています。このとき、どれくらいの売上が必要ですか？」

それでは、何足以上売れば、目標の営業利益500,000円が達成できるのかを計算してみます。固定費の総額は、346,950円ですが、営業利益は500,000円が目標なので、合計846,950円の限界利益を稼がないといけなくなります。では、限界利益のところに、数字を当てはめてみましょう。

限界利益 38,550円×❓足＝固定費＋営業利益 846,950円

846,950円÷38,550円で約21.9足と求められます。ただ、21.9足という個数は現実的にはあり得ないため、切り上げて22足販売すれば、目標の営業利益500,000円を達成することができます。右の損益計算書を見ると、このとき必要な売上高は1,100,000円ということがわかりますね。

このように固定費に目標とする営業利益を加算してあげれば、目標とする売上高、限界利益を計算することができます。

「営業利益の目標50万円を達成するには、22足売って売上高110万円ですか……。先は遠いように見えますが、原価や利益の管理方法までわかったので、今度こそ上手くいく予感がします（笑）。ありがとうございました‼」

○**固定費に目標とする営業利益を加算してあげれば、目標と**
　する売上高、貢献利益が計算できる。

目標の営業利益を達成する売上高を計算してみよう

損益計算書（直接原価計算ベース）

売上高	50,000円 × ? 足 =	?　円
変動売上原価	9,450円 × ? 足 =	?　円
変動製造マージン	40,550円 × ? 足 =	?　円
変動販売費	2,000円 × ? 足 =	?　円
限界利益	38,550円 × ? 足 =	?　円
固定製造間接費		234,600円
固定販売費		112,350円
営業利益		500,000円

〉346,950円

売上高	50,000円 × 22 足 =	1,100,000円
変動売上原価	9,450円 × 22 足 =	207,900円
変動製造マージン	40,550円 × 22 足 =	892,100円
変動販売費	2,000円 × 22 足 =	44,000円
限界利益	38,550円 × 22 足 =	848,100円
固定製造間接費		234,600円
固定販売費		112,350円
営業利益		501,150円

〉346,950円

目標営業利益 50万円達成！

9

利益の目標値を決めて、利益をコントロールしよう

Index 索 引

A book to explain with figure

著 者 紹 介

平木　敬（ひらき　けい）

公認会計士・税理士。
平木会計事務所代表。
早稲田大学政治経済学部経済学科卒業。

監査・税理士法人を経て、組織内会計士として、主に管理会計、移転価格、J-SOX、社内講師業務に携わり、その後独立。
2023年3月現在、企業の管理会計業務の支援や税務申告業務を中心に行う一方で、自身の経理経験等を活かして、会計、税務、お金に関するセミナー・講師業も行うなど幅広く活躍している。
「誰にでも分かりやすく、楽しく教えること」が信条。
著書に『図解でわかる！　読める財務3表』（秀和システム）がある。

図解ポケット 今日から使える!
原価計算がよくわかる本

発行日	2020年　2月 1日	第1版第1刷
	2023年　4月20日	第1版第2刷

著　者　平木　敬

発行者　斉藤　和邦

発行所　株式会社　秀和システム

　　　　〒135-0016
　　　　東京都江東区東陽2-4-2　新宮ビル2F
　　　　Tel 03-6264-3105（販売）　Fax 03-6264-3094

印刷所　図書印刷株式会社

©2020 Kei Hiraki　　　　　　　　　　　　Printed in Japan

ISBN978-4-7980-6087-3 C0034